디즈니 고객 경험의 마법

디즈니 고객 경험의 마법

디즈니만의 특별한 마케팅과 고객경험관리법

디즈니 인스티튜트, 테오도르 키니 지음
홍경탁 옮김

디즈니 고객 경험의 마법
디즈니만의 특별한 마케팅과 고객 경험 관리법

초판 발행 2019년 11월 4일 | **1판 2쇄** 2023년 6월 9일

발행처 유엑스리뷰 | 발행인 현호영 | 지은이 디즈니 인스티튜트, 테오도르 키니 | 옮긴이 홍경탁
주소 서울 마포구 백범로 35, 서강대학교 곤자가홀 1층 | 팩스 070-8224-4322
이메일 uxreviewkorea@gmail.com

ISBN 979-11-88314-33-1

낙장 및 파본은 구매처에서 교환하여 드립니다.
구입 철회는 구매처 규정에 따라 교환 및 환불처리가 됩니다.

BE OUR GUEST:
Perfecting the Art of Customer Service by Disney Institute

Copyright © 2011 Disney Enterprises, Inc.
All rights reserved.

This Korean edition was published by UX REVIEW in 2019
by arrangement with Disney Editions, an imprint of Disney Book Group, LLC
through KCC(Korea Copyright Center Inc.), Seoul.

이 책은 (주)한국저작권센터(KCC)를 통한 저작권자와의 독점계약으로
유엑스리뷰에서 출간되었습니다. 저작권법에 의해 한국 내에서 보호를 받는
저작물이므로 무단전재와 복제를 금합니다.

차례

서문 • 006
추천 서문 • 014
머리말 • 020

1 양질의 서비스를 위한 디즈니의 접근법 • 028
2 서비스의 마법 • 074
3 출연진의 마법 • 124
4 무대의 마법 • 172
5 프로세스의 마법 • 234
6 통합의 마법 • 294

서문

**월트 디즈니 파크 앤드 리조트
회장 탐 스탁스**Tom Staggs

대부분의 직원들과 마찬가지로 나 역시 친구나 가족에게 디즈니의 방문 후기를 듣는 것을 좋아합니다. 월트 디즈니 파크 앤드 리조트Walt Disney Park and Resort의 회장으로서 디즈니 방문이 어떠했는지(어디에서 묵었고, 어떤 공연을 보았고, 어떤 놀이기구를 탔으며, 어느 식당에서 어떤 음식을 먹었는지)에 대해 빠짐없이 알고 싶은 것입니다. 하지만 무엇보다도 듣고 싶은 것은 그들이 디즈니를 방문하는 동안 우리 직원들에게 어떤 느낌을 받았는가 하는 것입니다.

사람들은 '디즈니'라고 하면 성이나 산, 크루즈, 호텔 등을 떠올릴지 모르지만, 나는 디즈니를 가장 돋보이게 하는 것이 직원들이라고 믿습니다. 그리고 디즈니에서

잊히지 않는 순간을 만들어내는 것은 우리 직원들의 특별하고, 개인화된, 그리고 매뉴얼에는 적혀 있지 않은 고객과의 교류 방법입니다.

크건 작건, 그러한 교류는 날마다 도착하는 고객들의 편지에 고스란히 담겨 있습니다. 사실 그러한 편지를 읽는 것이 내가 하는 일 가운데 가장 즐거운 시간입니다. 때로는 가장 좋았던 놀이기구나 공연, 음식에 대해 이야기를 하지 않을 때도 있습니다. 하지만 거의 항상 빼놓지 않는 것은 잊을 수 없는 경험을 하게 해준 직원에 대한 이야기입니다.

디즈니 파크에서 우연히 마주치게 되는 고객들도 다르

지 않습니다. 색다른 경험을 하게 해준 직원들에 대해 시시콜콜 내게 말해줍니다. 하지만 그들 또한 이 질문은 빼놓지 않습니다.

"디즈니는 어떻게 그렇게 하는 겁니까?"

물론 저는 먼저 "마법의 힘입니다"라고 대답합니다. 그러면 엇갈린 반응이 나타납니다. 어떤 고객은 순순히 수긍하며 미소를 띤 채 '그렇게 말할 줄 알았어요'라는 표정을 짓습니다.

하지만 순수하게 그런 마법에 대한 비결이 알고 싶어서 구체적인 대답이 나올 때까지 강하게 밀어붙이는 고객들도 있습니다. 그중에는 사업을 하는 분도 있지요. 직원들이 의욕을 잃지 않게 하고, 고객을 기쁘게 해야 하고, 소중하고 필요한 상품을 만들어야 한다는 말입니다.

그 고객들은 디즈니에서 휴일을 보내는 사람들 모두가 특별한 기분을 느낄 수 있도록 우리가 하는 일을 단계별로 '정확히' 알고 싶어 합니다. 어떻게 우리 직원들은 언제나 미소를 잃지 않는지, 어떻게 열정과 창의력, 그리고 고객들을 환상과 모험의 장소로 데려가는 능력을 유지하면서 동시에 고객이 자기 집에 있는 것처럼 편하게 해주는지 알고 싶어 합니다.

그것이 전혀 비밀이 아니라고 말하면 대부분의 사람들

은 크게 놀랍니다. 사실 우리는 세계 최고 수준의 고객 경험을 만들고 전달하는 방법을 정확히 설명하는 책(바로 이 책입니다)을 만들고 있거든요.

그리고 여러분은 이 책을 읽어나가다 보면 우리의 마법이 일종의 기법이자 과학이라는 것을 알게 될 겁니다. 우리는 하나의 훌륭한 이야기에서 시작해서 고객들이 경험을 할 수 있도록 아이디어를 디자인합니다. 잘 운영되는 다른 회사들과 마찬가지로 안전하고 효율적으로 운영하기 위한 교육과 프로세스를 실시하고 있습니다. 그리고 뛰어난 직원들의 마음에서 우러난 환대와 친절에 힘입어 모든 고객에게 이곳이 나만을 위해 디자인된 장소라는 기분이 들게 합니다. 결과적으로, 수십 년 동안의 훈련을 통하여 우리는 이러한 기법과 과학을 결합하여, 세계적으로 유명한 스토리텔링과 전설적인 고객 서비스 문화를 구축했습니다.

고객에게 가족, 친구, 연인, 동료와 나눌 수 있는 최선의 경험을 제공하는 것이 우리가 하는 일의 본질이며, 우리의 존재를 정의합니다.

개별적인 이야기나 볼거리, 경험 등은 시간이 흐르면 바뀔 수도 있지만, 마법 같은 고객 경험을 전달할 것이라는 기대는 시간이 흘러도 바뀌지 않을 것입니다. 그러한 마법이 사라지지 않도록 유지하고, 그러한 기대를 뛰어넘어 앞으로도 전 세계에서 온 사람들을 환영하여 우리의 고객이 되도록 하는 것이 우리의 꿈이자 사명입니다.

끝

추천 서문

고객 경험을 만드는 디즈니만의 특별한 전략을 공개합니다

현호영 (UX 연구자)

오늘날 고객들은 여러 가지 채널을 통해 기업에 대한 브랜드를 경험하고 있다. 고객과 브랜드가 만나는 접점이 늘어나면서 일관성 있고도 신선한 고객 경험을 전달하기 위해 서비스를 재편하는 것은 기업들의 핵심 전략이 되었다. 차별화된 경험이 곧 강력한 브랜드로 이어지는 사례가 계속 나오고, 선도적 기업들은 고객 경험 관리 전담 부서를 운영한다. 또 디자인의 영역에서 시작된 서비스 디자인과 UX 디자인 분야는 전사적으로 고객 경험을 관리하며 고객의 불만을 제거하고 긍정적 기회는 활성화하는 경영 전략의 일환으로 각광받고 있다. 이제 고객 경험은 마케팅과 디자인의 궁극적 목표가 되었다. 마케팅과 디자인을 하는 사람들이 모두 '경험'이라는 공통의 목표를 향해 움직인다.

이처럼 많은 기업들이 고객 경험이라는 추상적 대상에 접근하고 있음에도 불구하고, 그것을 단발성 이벤트나 고객 서비스 정도로 오해하는 경향은 여전히 존재한다. 하지만 고객 경험은 그런 것들을 모두 포괄하는 개념이면서도 기업에 훨씬 더 직접적인 영향을 미칠 수 있는 무형의 '브랜드 자산'이다. '경험 경제'의 시대라고 불리는 지금은 고객 경험 자체가 상품으로서 판매되고 있다. 기능과 스타일링만으로는 점점 더 뚜렷한 브랜드 차별화가 어려워지고 있고, 제품이나 서비스의 이미지를 보여주는 대중 광고가 마케팅에서 차지하는 비중도 줄고 있다. 이제 기업들은 마케팅을 통해 고객들의 머릿속에 경험이 남기를 바라고 있다. 소비자들은 소셜 미디어를 통해 브랜드가 주는 고유의 고객 경험을 공유하고, 그것을 보는 데 상당한 시간을 쓰며 이런 간접적 경험은 구매로 이어지게 된다. 근사하고 깔끔하며 좋은 위치에 있는 흔한 호텔보다, 더 안 좋은 위치에 있고 오래된 곳이라도 독특한 경험을 보여줄 수 있는 호텔의 인기가 더 높을 수 있고 그런 경우를 쉽게 찾아볼 수 있다. 고객 경험은 규모와 위치 같은 물리적 한계를 극복할 수 있는 중요한 돌파구가 된다.

오래전부터 경험 마케팅을 진화시켜 오며 고객 경험 전달의 대표적 선구자 자리를 차지하고 있는 브랜드가 바로 디즈니다. 오늘날 종합적 엔터테인먼트 기업으로 다양한 사업을 전개하고 있는 디즈니는 원래 애니메이션을 만들던 스튜디오로 일방향 콘텐츠를 제공했지만 이후 고객들이 애니메이션 속 캐릭터와 환상을 현실에서 경험할 수 있도록 테마파크 디즈니랜드를 열어 새로운 여가 및 놀이 문화를 개척했고 큰 성공을 거두었으며 그들의 콘텐츠는 '서비스'가 되어 충성도 높은 고객층을 확보하게 되었다. 나는 20년도 더 전에 디즈니랜드에 방문한 적이 있지만 지금도 그때의 추억은 생생하고 경이로운 기억으로 남아 있다. 이는 디즈니랜드를 구성하는 모든 것이 우리가 일상에서 경험할 수 없는 완전히 다른 차원의 경험이기 때문이다. 세계에서 오직 디즈니만이 보유한 경험의 가치가 존재하는 것이며 그러한 경험은 고객의 머릿속에 오래도록 각인된다. 그러한 고객 경험은 전략적으로 관리되고 지속적으로 개선되어 온 것으로, 이 책에서 다루고 있는 디즈니의 전략이다.

디즈니는 강력한 고객 경험을 만드는 그들만의 마케팅 기술을 '마법'이라고 부른다(실제로 그들이 판매하는 상품도 마법에 의해 만들어진 것처럼 보인다). 그들은 그 노하우까지도 상품화하였고 이 책을 만든 디즈니 인스티튜트를 통해 다른 기업들에게 전수하고 있다. 디즈니 인스티튜트는 30년 이상의 전통을 가진 교육기관으로 여러 산업군에 고객 경험 기반의 리더십과 서비스 교육 그리고 컨설팅을 해왔다. 디즈니가 이렇게 자신들의 서비스 노하우를 공개하여 판매할 수 있는 것도 다른 기업들이 모방할 수 없는 그들만의 특별한 고객 경험이 확고히 자리 잡고 있기 때문일 것이다.

디즈니 인스티튜트의 고품격 강의들을 상세하면서도

압축적으로 담고 있는 이 책은 여러분이 고객 경험을 재정의하고 어떻게 관리하며 비즈니스를 성장시킬 수 있는지에 대한 통찰을 담고 있는 가이드다. 이 책이 고객들에게 독창적 경험을 선사하고자 하는 독자들에게 '마법'이 되리라 믿는다.

머리말

이처럼 변화무쌍한 우리의 비즈니스에서, 과거의 영광에 안주할 여유는커녕, 잠시 회상에 잠길 여유조차 없다. 시대와 환경은 너무나도 빠르게 변화하기 때문에, 항상 미래에 초점을 맞추어야 한다.

— 월트 디즈니 Walt Disney

월트 디즈니는 출연진(직원에 대한 디즈니식 표현)의 재능을 활용하며, 그 누구도 범접할 수 없는 엔터테인먼트의 경험을 맛보게 하려는 자신의 비전을 그들의 가슴에 불어넣었다. 그는 기업이 장기적으로 성공하려면 사람들에게 매일 혁신하고자 하는 의욕을 고취시키는 능력이 있어야 한다는 것을 선천적으로 이해하고 있었다.

2011년은 월트 디즈니의 탄생 110주년을 기념하는 해일 뿐만 아니라 월트 디즈니사의 또 다른 중요한 기념일이 있는 해이기도 하다. 바로 전 세계의 조직에 "디즈니 접근법Disney Approach"이라는 직무 능력 개발 프로그램을 제공한 지 25주년이 되는 해이다. 지난 25년 동안 사실상 미국의 거의 모든 분야에서 수만 명의 경영 전문가들이 디즈니 인스티튜트Disney Institute를 거쳐 갔다. 그들은 디즈니 인스티튜트 프로그램이 실질적인 학습 기회를 제공하는 것 외에도 많은 일을 하고 있다는 것을 알 수 있었다. 이들 프로그램은 디즈니의 모범 사례를 등대 삼아 교육 참가자에게 자신과 자신의 조직, 그리고 전체적인 세상을 완전히 새로운 관점으로 볼 수 있도록 힘을 북돋아 준다.

교육은 초기 시절부터 디즈니 고유의 특징이었다. "우리는 언제나 지식의 발견에는 위대한 엔터테인먼트가 있다는 근본 개념을 따르려고 노력했다. 역으로 생각하면 위대한 엔터테인먼트에서는 언제나 지혜와 휴머니티, 깨달음을 얻을 수 있다"라고 말한 사람도 월트 자신이었다. 이러한 철학은 디즈니 인스티튜트의 모든 프로그램에 깊숙이 내재되어 있다.

톰 피터스Tom Peters와 밥 워터먼Bob Waterman이 1984년 그들의 획기적인 저서 《초우량 기업의 조건In Search of Excellence》과 부록으로 수록된 영상에서 월트 디즈니사(당시에는 월트 디즈니 프로덕션)를 소개했을 때, 기업들은 디즈니에 주목하며 디즈니를 벤치마크를 위한 최고의 모범 사례로 삼았다. 벤치마킹을 수월하게 진행할 수 있도록, 1986년 월트 디즈니 월드 리조트는 "인간 관리에 대한 디즈니 접근법"이라는 프로그램을 만들었다.

하지만 디즈니의 성장을 주도했던 결정적인 성공 요인에 대한 기업의 갈증은 한 가지 주제로 해소될 수 없었다. 그리하여 몇 년에 걸쳐 창의력, 리더십, 고객 서비스, 브랜드 충성도 등 비즈니스 우수성에 대한 전반적인 접근을 다룬 새 프로그램이 제작되었다. 1996년에는 이러한 직무 능력 개발 프로그램이 디즈니 인스티튜트의 중심이 되었고, 오늘날까지 이어지고 있다.

그후 디즈니 인스티튜트는 다수의 '포츈지 선정 500대기업'과 정부기관, 자선기관, 교육기관, 의료기관 등을 포함한 전 세계 유수의 기업들과 협력해왔다. 디즈니는 광범위한 분야의 조직을 이끄는 리더들의 흥미를 이끌어내는 능력과, 콘텐츠를 적절하게 가공하여 교육 참가자가 소유한 유산과 가치, 인력, 고객 등과의 연관성을 활용한 프로그램 제작 능력을 바탕으로 교육 업계에서 상당한 존재감을 확립했다.

업무 현장의 트렌드는 계속 바뀌지만, 비즈니스는 언제나 그들이 보유한 인력의 지적 능력과 열정, 창의적인 에너지를 동원할 수 있는 참신하고 창의적인 방법을 찾아야 한다. 그것이 디즈니 인스티튜트가 중점을 두고 있는 일이다.

10주년 기념 개정판인 이 책에서는 디즈니의 모범 사례와 철학을 발견하기 위해 무대 뒤의 모습을 보여줄 것이다. 우리는 현재 월트 디즈니사와 다른 기업에서 운용 중인 양질의 서비스 원칙에 대해 내부자들이 받은 인상을 전해줄 것이다. 월트 디즈니사의 경우는 전 세계의 직원들의 관점과 경험에서 나온 말을 통해, 다른 기업의 경우는 디즈니 인스티튜트 프로그램에 참여한 임원들의 말을 통해 들은 것이다.

성공을 위한 월트의 원칙은 여전히 진리처럼 들린다. 최고의 제품을 만들어야 한다. 최상의 서비스를 전달하기 위해서는 효율적인 교육을 해야 한다. 경험에서 배워야 한다. 그리고 성공을 축하해야 한다. 절대 성장을 멈춰

서는 안 된다. 믿음을 잃어서는 안 된다.

　몇 년 동안 우리 회사가 전설적인 성공을 거둘 수 있었던 몇 가지 이유를 서로 공유하여, 이 책이 여러분의 조직 내부에 새로운 수준의 성과, 생산성, 자부심을 촉발시키길 바란다. 하지만 이 책은 월트 디즈니사에서 매일 우리가 어떻게 마법을 부리는가에 대한 순간의 묘사일 뿐이다. 우리는 여러분이 자신을 위해서 우리의 프로그램을 경험하길 환영한다.

　우리는 디즈니 에디션Disney editions의 편집자 웬디 레프컨Wendy Lefkon에게 감사한다. 이 프로젝트를 현실로 만드는 데 길잡이가 되어 주었다. 우리의 이야기를 다듬어 준

저자 테드 킨니에게도 감사한다. 또 우리의 이야기를 독자와 공유해 준 고객들에게 감사한다. 무엇보다도, 날마다 고객들이 차별화된 경험을 할 수 있게 끊임없이 노력하는 수천 명의 월트 디즈니 직원들에게 감사한다.

제프 제임스Jeff James, 부사장

케빈 해리Kevin Harry, 영업관리 이사

크리스 스지들로Chris Szydlo, 영업 이사

브루스 존스Bruce Jones, 프로그래밍 이사

레슬리 캠벨Leslie Campbell, 운영 관리 부장

양질의 서비스를 위한
디즈니의 접근법

켈빈 베일리Kelvin Bailey는 자신의 상사가 제정신이 아닐지도 모른다고 생각했다. 그는 이렇게 회상한다. "우리는 차를 타고 이삼십 킬로미터를 달려 이 지저분하고 황량한 시골에 도착했어요. 물, 늪, 밀림, 악어. 나는 생각했지요. '이 사람은 정신이 나간 게 분명해. 이건 아무 의미도 없어! 물이 무릎까지 차오르잖아!' 그런 땅은 그냥 줘도 받지 않았을 겁니다."

1960년대 중반 월트디즈니 프로덕션 소속 비행기 조종사였던 켈빈 베일리는 올랜도 남서부에 인접한 센트럴 플로리다의 황무지에 월트 디즈니와 함께 서 있었다. 월트는 훗날 월트 디즈니 월드 리조트Walt Disney World Resort가 들어설 3만 에이커, 즉 121제곱킬로미터의 땅을 매입하던 중이었다. 비록 월트는 완성된 공원의 모습을 볼 때까지 살지는 못할 터였지만, 플로리다 수풀 사이에서 완성된 모습을 상상하는 데는 아무런 문제가 없었다. 그는 '메인 스트리트', 'U.S.A.', '판타지랜드' 등을 비롯하여 아직 존재하지도 않는 디즈니랜드의 볼거리를 가리키며 켈빈을 깜짝 놀라게 했다. 하지만 월트 같은 창의력의 대가조차 세계 최고의 테마파크단지에 일어난 일이나, 자신의 표현대로 "한 마리 생쥐에서 시작한" 월트디즈니사가 거둔 성장에 대해 온전히 상상하지는 못했을 것이다.

분명한 점은 월트에겐 큰 꿈을 꿀 능력이 있었다는 것이다. 월트는 디즈니 스튜디오를 애니메이션 영화 분야를 선도하는 세계적인 기업으로 이끌었다. 최초의 테마파크 디즈니랜드는 월트의 개인적인 비전을 구체화한 것이었고, 그리고 디즈니라는 브랜드를 가족 엔터테인먼트 분야의 최고 기업과 동의어로 만든 것도 월트였다. 하지만 그러한 성취도 디즈니의 궁극적인 성공을 위한 토대였을 뿐이었다. 월트의 생쥐가 포효하는 소리가 들리는 듯하다.

디즈니 회장이자 최고경영자인 로버트 아이거Robert Iger는 2011년 1월 주주에게 보내는 연례 서신에서 "가족 엔터테인먼트 분야에서 디즈니보다 밝게 빛나는 이름은 없다"라고 했다. 새 회계연도를 시작하는 시점에서 살펴본 디즈니는 미디어 네트워크, 테마파크 및 리조트, 스튜디오 엔터테인먼트, 소비재, 인터랙티브 미디어 등 다섯 가지 주요 사업에서 세계 최대 미디어 기업의 면모를 드러내고 있었다.

미디어 네트워크 사업은 ABC 텔레비전 네트워크를 기반으로 한다. ABC 텔레비전 네트워크는 전미 가구에 대한 도달률이 99퍼센트에 이르고, 열 곳의 방송국을 소유하고 있으며, 그 중 여섯 곳이 전미 상위 10위권 시장에 위치하고 있다. 또한 ESPN, 디즈니 채널, SOAP넷 같은 케이블 네트워크와, A&E 라이프타임의 소유지분, 37곳의 디즈니 라디오 네트워크 방송국까지 소유하고 있다. 테마파크 및 리조트 사업에는 미국과 유럽, 아시아 등지의 다섯 군데 리조트에 있는 11곳의 테마파크를 비롯하여, 디즈니 베케이션 클럽Disney Vacation Club, 디즈니 크루즈 라인Disney Cruise Line, 어드벤처 바이 디즈니Adventures by Disney(가이드가 휴가 여행을 안내하는 서비스 제공) 등이 속해 있다. 스튜디오 엔터테인먼트 사업 부문에는 장편영화, 홈 엔터테인먼트, 텔레비전 프로그램 배급, 디즈니 뮤직 그룹, 디즈니 극장 프로덕션 등이 있다. 소비재 사업 부문에는 머천다이즈 라이선싱, 퍼블리싱, 350개 이상의 매장을 보유한 디즈니 스토어 체인점 등이 있다. 최근에 설립된 인터랙티브 미디어 사업 부문은 디즈니 브랜드를 게임과 온라인 서비스까지 확장시키고 있다.

2010년 디즈니는 380억 달러 이상의 연매출과 76억 달러의 영업수익을 기록했다. 이 정도 성과를 올릴 만큼 성장한 모습을 보았다면 월트 디즈니와 로이 디즈니 형제도 깜짝 놀랐을 것이 분명하다. 1966년 월트 디즈니가 사망했을 때 디즈니사의 전체 수익은 1200만 달러 이하였다. 같은 해에 월트 디즈니와 로이 디즈니는 월트 디즈니 월드를 짓는데 필요할 것으로 예측했던 자본금 1억 달러를 유치하기 위해 제너럴 일렉트릭이나 웨스팅하우스Westinghouse와의 합병을 잠시 고민했었다. 오늘날에도 여전히 성장 중인 디즈니의 테마파크 및 리조트 사업 부문은 자체적으로 연매출 100억 달러 이상을 벌어들이고 있다. 2009년 해당 업계의 10위권 기업 가운데 상위 8곳을 디즈니 테마파크가 차지했다. 창업자이자 선구자였던 월트 디즈니의 통찰력과 선견지명 덕분에 월트 디즈니 월드 리조트는 세계 최대 규모로 발전했다.

1971년 10월 1일에 개장한 이래 월트 디즈니 월드는 확장을 거듭하여 총 네 곳의 테마파크와 두 곳의 워터파크, 총 28,000개의 객실을 보유한 34곳의 호텔(다른 기업이 소유한 호텔 포함), 200곳 이상의 레스토랑과 음식점을 운영하고 있다. 또 매직킹덤 근방에 있는 그랜드 플로리다 리조트 및 스파Grand Floridian Resort & Spa에는 다운타운 디즈니Downtown Disney(엔터테인먼트와 쇼핑을 즐길 수 있는 구역)와 결혼식을 전문으로 하는 웨딩 파빌리온이 있다(매년 1000

쌍 이상이 월트 디즈니 월드에서 결혼식을 올린다).

월트 디즈니 월드는 맨해튼의 두 배 정도 되는 크기의 지역에 위치한 꽤 큰 규모의 도시이다. 이곳은 연중무휴로 운영되며, 단일사업장으로는 미국에서 가장 많은 직원을 채용하고 있다. 62,000명이 넘는 출연진(디즈니에서는 직원을 이렇게 부른다)이 운영한다. 출연진은 매년 찾아오는 수백만 명의 관객(역시, 고객을 가리키는 디즈니식 표현)을 즐겁게 해주거나 도움을 준다. 붐비는 날이면 이 도시에는 수십만 명의 사람들이 모여든다. (어느 정도의 규모인지 짐작하고 싶다면 월트 디즈니 월드의 관객만을 위한 전담 의사가 여섯 명이라는 점을 고려해보라.) 이 도시를 움직이는 동력은? 바로 마법이다.

실용적인 마법

마법은 기업의 세계에서 많이 쓰이는 단어가 아니다. 표준 대차대조표에도 나오지 않는다(영업권 같은 무형자산에 마법이 포함될 수 있을지 모르지만). 여러분이 다니는 회사의 회계 담당자는 아마 마법의 투자수익률을 계산하거나 마법을 30년 동안 분할상환하지는 않을 것이다. 하지만 월트 디즈니사의 임원실에서는 마법이라는 말을 흔히 들을 수 있다.

밥 아이거는 이렇게 말한다. "우리 관객들은 놀라움과 기쁨, 재미를 원한다. 그들이 기대하는 마법은 일상을 벗어나 디즈니만이 만들 수 있는 세상으로 관객을 데려가는 것과 비슷하다."

마법이 새로운 주제는 아니다. 전임회장인 마이클 아이스너Michael Eisner 역시 마법에 관하여 이야기하길 좋아했다. "디즈니 휴가의 마법은 내게 품질의 마법, 혁신의 마법, 아름다움의 마법, 가족 화합의 마법, 우리 출연자의 마법이다. 이 모든 것이 하나로 합쳐진 것이라고 할 수 있다."

 마법을 수치로 나타낼 수 없다고 해서 마법이 디즈니를 비롯한 전 세계의 기업에서 중요한 역할을 하지 못하고 있다는 것은 아니다. 사실 비즈니스, 특히 월트 디즈니 월드 같은 곳에서 마법의 영향력은 쉽게 찾아볼 수 있다. 관객을 보면 된다. 실물 크기의 미키 마우스를 직접 보기 위해 차례를 기다리는 어린 아이나, 트와일라이트 존 타워 오브 테러 Twilight Zone Tower of Terror의 13층 높이에서 자유낙하를 하고 방금 나온 십대들, 또는 긴 하루를 보내고 호텔로 돌아와 침대 위에 곰돌이 푸우 인형이 아이들을 기다리고 있는 모습을 본 부모들을 보면 된다. 이러한 사례들은 모두 고객과 기업 사이에 유대가 구축되고 강화되는 순간들이다. 그리고 월트 디즈니 월드를 다시 찾는 고객의 비율을 70퍼센트 가까이 높여 주는데 기여하는 또 따른 요인이다.

 그러나 마법의 효과가 테마파크 휴양지에만 국한되

는 것은 아니다. 디즈니의 자회사인 픽사 애니메이션 스튜디오에서 제작한 영화(이를테면, 《토이 스토리3》, 《업Up》, 《월-E》같은 영화가 있으며, 《월-E》는 2009년 아카데미 장편 애니메이션 작품상을 수상했다)를 볼 때 영화 관객들의 눈에도 똑같이 나타난다. 또한 뉴욕 타임스퀘어의 디즈니 본점에서 만날 수 있는 출연자와 교감하는 쇼핑객들의 미소에서도 볼 수 있다. 디즈니크루즈라인의 최신 선박인 디즈니 드림 위에 설치된 워터코스터 아쿠아덕Watercoaster AquaDuck을 타는 승객들의 즐거운 비명에서도 들을 수 있다. 또 ESPN에서 방송되는 먼데이 나잇 풋볼Monday Night Football을 시청하는 수백만 축구 팬들의 응원과 탄성에서도 들을 수 있다.

이러한 유형의 마법은 조직의 우수한 성과로 이어지는 특징이 있다. 마법이 일어나는 순간들마다 고객의 만족이 쌓이고 브랜드 충성도가 증가한다. 이들은 조직의 성장과 성공의 기본적인 바탕이 된다.

하지만 마술 공연에 대해 생각해보자. 관객은 마술 공

연을 보면서 신기하고 놀라운 기분을 느낀다. 마술을 보는 사람들 대부분은 마술사가 무대에서 어떻게 그들이 보고 있는 마술적인 효과를 만들어내는지 알지 못한다. 어떻게 환상이 나타나는지 모르고 막연히 공연을 감상해야 즐거움을 느낄 수 있다. 마술사의 관점은 완전히 다르다. 마술사에게 공연은 관객에게 기쁨을 주기 위하여 세심하게 계획하고 철저히 준비한 일련의 단계로 구성된 고도의 현실적인 과정이다.

이것은 마법 같은 고객 경험을 만들어 내는 월트 디즈니사를 비롯한 다른 모든 조직에게도 마찬가지이다. 고객들은 소비자, 여행객, 환자, 학생이거나 다른 조직이 될 수 있을 것이다. 서비스에 만족한 고객이 느끼는 기분 좋은 놀라움은 기업과 직원들이 열심히 노력한 결과이다. 고객에게 마법은 놀라움과 즐거움을 주는 원천이지만, 기업에게 마법은 훨씬 실질적인 문제이다.

"디즈니는 정말 실용적인 마법을 알아냈다. 언제나 완벽하지는 않지만, 많은 경우 완벽에 가깝다" 2000년 《하버드 비즈니스 리뷰》에서 마이클 아이스너는 이렇게 설명한다. "세계 어느 곳을 가더라도 마법의 효과를 볼 수 있다. 올랜도에 있는 애니멀 킹덤에 가보거나 캐스트어웨이 케이섬에 있는 디즈니 아일랜드로 가는 크루즈 선박을 타보라. 사람들의 얼굴을 보면, 디즈니가 여전히 사람들에게 스트레스 가득한 삶에서 빠져나와 신기하고 재미있는 경험을 해보라고 유혹하는 방법을 알고 있다는 사실을 알 수 있을 것이다."

디즈니의 출연진은 여러 해 동안 관객이 마법 같은 경험을 하게 하는 "마법의 가루"에 대해 이야기했다. 하지만 디즈니의 지출보고서에는 마법의 가루에 대한 항목이 없다. 마법의 가루는 공연이다. 관객이 도착하는 순간 디즈니 파크에서 시작해서 집으로 떠나기 전까지 진행되는 공연이다.

이 책에서는 많은 사람이 어린 시절 일요일 밤에 텔레비전에서 보았던《디즈니의 놀라운 세계 The Wonderful World of Disney》의 오프닝 시퀀스처럼, 커튼을 걷고 디즈니의 실용적인 마법이 만들어지는 과정을 살펴볼 것이다. 우리는 디즈니가 어떻게 마법 같은 서비스에 대한 세계적 수준의 기준을 정하게 되었는지, 마법의 가루의 주요 성분은 실제로 무엇인지, 그리고 가장 중요한 것으로, 어떻게 여러분의 기업에서 여러분만의 고유한 실용적인 마법을 만들 수 있는지에 대해 탐구할 것이다.

디즈니 조직의 마법

여러분 중에는 테마파크나 영화제작사, 또는 스포츠 방송사에서 일하지 않는 사람이 대부분일 것이다. 어쩌면 비행기 부품을 제작하거나, B2B 소프트웨어를 온라인에서 판매하는 회사에 다닐지도 모르겠다. 아니면, 기업에서 일하는 사람이 아닐 수도 있을 것이다. 학교나 비영리 병원, 정부기관 등에서 일할 수도 있다. 아마도 처음에는 그러한 유형의 조직에는 디즈니의 마법이 필요 없어 보일지도 모르겠다. 그렇다면 여러분의 관점을 넓혀야 할 때가 온 것 같다.

두말할 필요 없이 모든 조직에는 고객 친화적인 직원이 필요하다. 사실 디즈니 인스티튜트의 기업 고객이 가장 많이 하는 질문은 "우리 직원들 잘 교육할 수 있나요?"이다. 하지만 디즈니는 크든 작든 다른 조직과 공통점이 많다. 디즈니 인스티튜트의 조력자와 상담가는 간단한 연습을 통하여 관객(이 경우에는 디즈니 인스티튜트 프로그램에 참여한 35개국 이상의 40여 곳의 업계에서 온 수십만 명의 사람들)이 실제로 디즈니가 자신의 조직과 얼마나 비슷한지 이해하게 해준다. 조력자와 상담가는 묻는다. 여러분의 조직이 처한 어려움은 무엇입니까? 대답은 대개 순식간에 튀어나온다. 경기변동, 경쟁 심화, 자격을 충분히 갖춘 구직자의 부족, 파트너와 협력하는 법, 고객 만족 등등. 많이들 보던 내용이다. 조력자들은 대답한다. 디즈니 역시 똑같은 어려움에 처해 있습니다.

- 경기침체는 소비를 위축시켜 기업의 생존마저 위협할 수 있다. 이는 미디어처럼 광고와 구독료 수입에 의존하거나, 엔터테인먼트처럼 소비자의 임의적인 지출에 의존하는 업종인 경우 특히 그러하다. 디즈니의 사업은 정확히 그러한 업종에 속해 있다.

- 성공은 경쟁을 유발한다. 그리고 경쟁은 그 어느 때보다 뜨겁다. 예를 들어 테마파크 사업의 경우, 월트 디즈니 월드의 한 경쟁사가 2009년과 2010년에 10억 달러 이상을 투자했다. 월트 디즈니 월드의 경쟁이 테마파크 운영에만 국한되어 있는 것은 아니다.

할리데이비슨의 임원들이 디즈니 인스티튜트 프로그램에 참석했을 때 그들은 두 기업 모두 소비자의 재량소득(실소득에서 기본적인 생활비를 제외한 소득—옮긴이)을 놓고 경쟁하고 있으니 할리데이비슨이 디즈니의 경쟁사라고 했다.

• 어느 기업도 뛰어난 인재가 없으면 성공할 수 없다. 월트 디즈니사는 세계 곳곳에 15만 명에 가까운 직원들이 일하고 있다. 월트 디즈니 월드에만 6만2,000명이 32곳의 개별적인 노동조합과 10여 개의 노사단체 협약을 맺고 1,500가지 다양한 직종에서 일하고 있다. 이처럼 대규모 인력을 고용, 교육, 관리하는 것은 막중한 업무이다.

• 요즘에 단독으로 일하는 기업은 없다. 그 어느 때보다 다양한 제품과 서비스, 경험을 고객에게 제공하기 위해 월트 디즈니사는 세계 여러 곳에서 새로운 파트너를 찾아 왔다. 그러한 파트너와 효과적으로 협력하는 것은 사업 실적은 물론이고 디즈니의 기준과

브랜드를 유지하기 위해서도 필수적이다.

- 마지막으로, 고전적인 서비스 문제가 있다. 고객을 유지하기 위해서는 고객을 만족시켜야 한다. 하지만 고객 만족의 기준은 계속해서 변화한다. 전반적으로 고객들은 그 어느 때보다도 더 까다롭다. 그리고 그러는 것이 당연하다. 아울러 월트 디즈니의 미래가 달려 있는 재방문 고객을 기쁘게 하기 위해서는 디즈니사가 모든 고객과의 접점에서 서비스의 기준을 높여야 한다는 뜻이다.

일반적인 기업은 단순한 사업 문제 이외에도 디즈니와의 공통점이 또 있다. 성공의 화려함 뒤에서 우리는 모두 같은 목표를 향해 달리고 있다. 우리 회사의 제품과 서비스를 구입하여 이용하는 사람들에게 봉사하는 것이다. 우리는 모두 고객을 만족시켜야 한다. 그리고 다시 우리를 찾고 남들에게 우리 회사의 제품과 서비스를 추천하도록 설득해야 한다. 아니면 장기적으로 고객을 잃을 위험이 있다.

전통적으로 제품에만 집중해왔던 제조업체들조차 그들이 서비스 비즈니스를 하고 있다는 사실을 깨닫고 있다. 사실 모든 비즈니스에는 서비스 기반의 과정이 있다. 우리는 주문을 받아서, 구체적인 요구를 충족하는 상품을 만들어, 고객의 지시에 따라 그 상품을 전달한다. 모두가 고객과의 접점에 있는 것이다. 고객이 내부에 있는 경우도 있긴 하지만 말이다. 모든 사람이 서비스의 마법을 만드는 방법을 알아야 한다.

끝으로, 이상하게 들릴지 모르지만 요즘 우리는 모두 연예산업에서 일하고 있다. B. 조지프 파인 2세B. Joseph Pine II와 제임스 길모어James Gilmore는 하버드 비즈니스 스쿨 출판부Harvard Business School Press에서 출간된 그들의 중요한 저서 《경험 경제The Experience Economy》에서 효율적인 재화의 생산에만 주력했던 공업 경제Industrial Economy는 몰락했다고 주장했다. 또한 그들은 소비자의 눈길을 끌기 위해 여러 가지 서비스와 제품을 결합한 서비스 경제Service Economy의 정점이 지났다고 주장했다. 저자들은 이제 경험 경제Experience Economy라고 그들이 명명한 새로운 경쟁의 시대에 접어들었다고 주장했다. 이러한 새로운 시대에서 재화와 서비스는 소비자들과 소통하기 위한 소품일 뿐이다. 소비자는 기억에 남을 경험을 하길 바란다. 그러므로 기업은 경험의 연출가가 되어야 한다.

파인과 길모어가 오래 지속되지 못하는 경험의 특성을 설명한 이런 부분은 훌륭하다. "하지만 경험 많은 연기자의 연기는 공연하는 순간 사라져버리는 반면, 경험의 가치는 감동 받은 개인의 기억에 남게 된다." 실용적인 마법과 상당히 비슷하게 들린다. 그렇지 않은가? 저자들은 계속해서 디즈니를 주목할 만한 경험 연출의 사례로 꼽았다. "부모들이 월트 디즈니 월드에 아이들을 데려가는 것은 단지 이벤트 자체를 즐기기 위해서라기보다는, 향후 몇 달 혹은 몇 년 동안 그들이 함께한 경험을 가족의 일상적인 대화의 주제로 삼기 위해서다."

월트 디즈니가 이러한 개념을 들었다면 고개를 끄덕였을 것이다. 앞으로 더 깊이 논하겠지만, 월트가 1950년대 초반 디즈니랜드 개발에 힘을 쏟고 있을 때, 그는 고객 경험에 모든 역량을 집중하고 있었다. 사실 디즈니랜드에 대한 아이디어 자체도 토요일에 두 딸과 함께 놀이공원에 다니던 때 싹이 튼 것이었다. 당시 놀이공원은 평판이 좋은 편이 아니었고 대개 지저분하고 상태도 썩 좋지 않았다. 두 딸이 놀이기구를 타고 오는 동안, 성공한 애니메이터 월트는 공원에 대한 사람들의 반응을 살펴보기 시작했다. 그는 자신에게 물었다. 어떻게 하면 이러한 경험을 개선해서 모든 가족이 즐기게 할 수 있을까?

월트의 해결책은 새로운 유형의 놀이공원을 만드는 것이었고, 그러한 시작 이후 디즈니랜드를 비롯한 디즈니의 테마파크들은 모두 고객 경험에 역량을 집중해왔다. 디즈니의 출연진에게 테마파크에 대해 이야기하면, 그들은 테마파크를 관객이 직접 참여하는 "살아 있는 영화 living movie"라고 설명한다. 월트는 더 이상 자세하게 설명할 필요가 없다는 듯, "디즈니랜드는 한 편의 공연입니다"라고 말할 뿐이었다. 약간의 실용적인 마법을 더해준다면 여러분의 비즈니스 역시 한 편의 공연이 될 수 있을 것이다.

실용적인 마법의 정의

디즈니 테마파크와 거기서 일하는 수많은 출연진은 무대 위에 있을 때와 무대 밖에 있을 때를 뚜렷이 구별한다. 출연진들이 공원의 공적인 장소에서 고객들 앞에 있을 때는 디즈니식 표현으로 '무대 위onstage'에 있는 것이다. 무대 뒤를 비롯하여 고객이 보지 못하는 곳에 있으면 '무대 밖offstage'에 있다고 한다.

실용적인 마법 또한 무대 위와 무대 밖 요소가 있다. 이 경우, 실용적인 마법의 무대 위 요소는, 모든 것이 하나가 되어 매끄럽고 수월하게 공연이 진행되었을 때 관객들이 보이는 반응이다. 무대 밖 요소, 혹은 무대 뒤 요소는 실용적인 마법을 만드는 데 필요한 기본적인 요소로 구성된다. 무대 뒤 요소는, 결국 무대 위 마법이 되는 모든 활동을 포함한다. 우리는 이 책의 대부분에서 디즈니의 '양질의 서비스Quality Service'라는 무대 밖 요소를 살펴볼 것이다. 극장에 대한 은유에서 한 걸음 더 나아가면, 실용적인 마법은 양질의 서비스에 대한 예명(무대에서 쓰는 이름)

이라 생각할 수 있다. 마법을 만들어내는 역할에 비하면 그다지 화려한 이름이라 할 수는 없겠지만 말이다.

디즈니 서비스의 요소와 그 요소가 어떻게 결합되는지 살피기 전에 양질의 서비스가 무슨 의미인지 명확히 해야 한다. 다행히도 이 정의에는 전문용어가 포함되지 않아서 이해하기 쉽다. '양질의 서비스란 제품과 서비스를 전달할 때 아주 세세한 부분까지 관심을 쏟아 고객의 기대를 넘어서는 것을 의미한다.'

이러한 정의를 보고 말이 나오지 않을 정도로 놀랍지 않았다면, 마술의 트릭을 알게 되었을 때 어떤 느낌이었는지 생각해보라. 갑자기 모든 것이 단순하게 보일 것이다. 마술쇼와 마찬가지로 디즈니 성공의 이면에는 그 어떤 신비한 주문 같은 것은 없으며, 누구라도 실용적인 마법을 만드는 디즈니의 공식을 배워서 적용할 수 있다. 문제는 양질의 서비스의 정의에 나오는 두 가지 요구 사항을 만족시킬 수 있는가 하는 것이다. 그게 훨씬 어렵다.

사람들을 감탄하게 하는 요소 The Wow Factor

디즈니 테마파크에 가거나 디즈니 상품을 구입하는 고객들은 모두 기대감에 부풀어 있다. 그것도 아주 높은 기대감에. 톰 피터스의 표현을 빌자면, 고객을 "감탄하게 하는Wowing" 것은 디즈니 휴가, 혹은 디즈니의 영화, 디즈니의 장난감은 어떠해야 한다는 선입견을 충족시키는 것은 물론이고, 그 선입견을 뛰어넘는 것을 의미한다. 똑같은 방식으로, 양질의 서비스라는 평판을 구축하려면, 먼저 고객의 기대를 충족시킨 다음 그 기대를 뛰어넘어야 한다.

때때로 고객을 감탄하게 하는 기업들은 많다. 한 직원이 자신의 업무 범위를 벗어난 문제를 해결하고, 고객에게 세인의 이목을 끄는 감사 인사를 받는다. 아마 그 직원은 한 달 동안 지정된 곳에 주차를 할 수 있게 되거나 피자 교환권을 받을지도 모르겠다. 이 이야기는 계속 사람들의 입에 오르내리고 회사의 전설로 남을지도 모를 일이다. 하지만 그리고는 평소처럼 업무로 되돌아간다.

디즈니에서는 고객의 기대를 뛰어넘는 것이 기본적인 업무 영역이다. 만일 디즈니 테마파크를 조사해본다면, 매일 수많은 경우에 고객의 기대를 뛰어넘는 것이 어떻게 작동하는지 이해할 수 있을 것이다. 그것은 내가 길을 잃었을 때 레스토랑 종업원이 기꺼이 길을 알려주는 것도 모자라 자신의 자리를 떠나 내가 가려는 목적지까지 길을 안내할 때 드러난다. 그것은 어느 늦은 밤 쇼핑이 끝나갈 무렵, 점원이 시간을 내서 내가 누구이고 어디에 묵고 있다는 것을 알아내어 호텔로 돌아가는 공짜 보트를 탈 수 있다고 추천하며 부두까지는 가는 길을 알려주는 지도를 줄 때 나타난다. 디즈니 인스티튜트 프로그램 시간에 관객들이 아침이면 매번 다음과 같은 이야기를 하는 것을 들어도 놀랍지 않다. "그게 출연자가 하는 일입니다." 그들의 명쾌한 반응이다. 사실 양질의 서비스는 이러한 사소한 감탄의 과잉(대다수가 당시에는 무의미해 보이지만)에 의존하고 있다. 사소한 감탄이 꾸준하고 지속적으로 전달된다면, 결국 크나큰 감탄이 될 것이다.

앞으로 보게 되겠지만 최상의 대면 서비스는 고객의

기대를 뛰어넘는 일의 한 가지 요소일 뿐이다. 이는 고객 경험의 모든 측면에 관심을 기울여야 한다는 뜻이다. 또한 고객의 관점에서 그러한 경험을 분석하고, 고객의 요구사항과 필요를 이해하고, 비즈니스의 모든 요소(기반시설의 각 요소 디자인부터 관객과 출연진 사이의 교류까지)를 특별한 경험을 만드는 데 집중해야 한다는 것을 의미한다.

램프에 부딪히기

디즈니에는 회사 전반적으로 디테일에 대한 강박관념이 있다. 월트는 디테일에 대한 안목으로 유명했고, 자신이 관심을 두는 것에 모든 사람들이 관심을 갖고 있는지 확인했다.

애니메이션 영화 제작이 유일한 사업이었던 초기 시절에 회사에 강박감이 시작됐다. 직접 수작업으로 제작하는 애니메이션은 오늘날에도 여전히 아주 까다로운 작업이다. 각각 짧은 순간을 정지된 그림에 담은 초당 24장의 프레임이 합쳐져 하나의 완전한 이야기, 즉 캐릭터에 맞게 디자인되고 캐릭터가 살고 있는 완전한 세계가 탄생하는 것이다. 관객의 지성과 감정을 사로잡는 능력은 온전히 애니메이터의 비전이 얼마나 깊고 일관적인지에 달려 있다. 모든 것을 책임질 배우도, 시선을 사로잡는 웅장한 자연의 무대도 없다.

월트는 애니메이션의 디테일에 쏟던 관심을 그의 회사가 펼치는 모험에 쏟기 시작했고, 그러한 전통은 오늘날까지 이어지고 있다. 이를 "램프에 부딪히기"라고 한다.

"램프에 부딪히기"는 월트 디즈니 영화사의 《누가 로저 래빗을 모함했나》를 제작하는 동안 탄생했다. 이 영화는 실사영화와 애니메이션을 혁신적으로 결합한 작품이었다. 이 영화의 한 장면에서 주연 배우인 밥 호스킨스가 천장에 달린 램프에 부딪힌다. 램프가 앞뒤로 흔들리자 그림자도 따라 흔들린다. 영화를 제작하는 동안, 그 램프와 그림자는 자연 현상과 똑같이 실사 환경으로 표현됐다. 하지만 애니메이션 배우 로저 래빗이 그 장면에 등장했을 때 어떤 일이 벌어졌을까? 그렇다, 우리의 익살꾼 로저 래빗의 얼굴에는 그림자가 보이지 않았던 것이다.

대부분의 관객은 그 차이를 인지하지 못할 것이다. 그리고 밥 호스킨스가 반드시 램프에 부딪히지 않아도 되는 장면이었다. 하지만 애니메이션 아티스트들은 로저 래빗에게 드리워진 움직이는 그림자의 모습을 초당 24프레임에 모두 정확하게 반영했다. 그들은 디테일에 관심을 기울였고, 한 걸음 더 나아가 양질의 고객 경험에 전념하게 되었다.

최근의 '램프에 부딪히기' 사례는, 픽사가 제작한 인간들이 버린 지구에 홀로 남아 청소를 하는 작은 로봇에 관한 영화 《월-E》의 한 장면에서 찾아볼 수 있다. 관객들이 월-E가 사는 세계가 존재한다고 믿게 하기 위해 10킬로미터에 가까운 도시의 모습을 컴퓨터로 디자인하여 제작했다. 월-E는 수집가이다. 월-E가 하루 일을 마치고 집으로 돌아오는 장면에서 이 사실을 눈으로 확인할 수 있다. 이 한 장면에서 픽사의 애니메이터들은 월-E의 집에 827개의 포커칩과 66개의 번호판, 290개의 가짜 눈알 등을 등장시켰다. 그의 집에서 광원 역할을 하는 조명으로는 798개의 크리스마스 전구, 두 개의 선에 달린 48개의 장식용 전구, 4개의 벌레 잡는 전기기구, 다섯 개의 종이 등, 10개의 횃불 등이 있었다. 이런 것을 모두 알아보는 관객을 아마 없을 것이다. 그렇다면 픽사는 왜 이런 것들을 등장시켰을까? "관객에게 보내는 작은 속삭임 같은 겁니다." 앤드류 스탠튼Andrew Stanton 감독은 설명했다.

다른 사업에서도 디테일에 많은 관심을 기울인다. 디즈니 크루즈 라인의 '디즈니 매직Disney Magic'호의 객실에 있는 마법의 창문에서 그 사실을 알 수 있다. 실제로 이 창문은 고해상도 카메라에 연결된 LCD 평면 스크린 모니터이다. 카메라들은 (실시간으로) 진짜 창문에서 볼 수 있는 모습을 전송해준다. 뿐만 아니라, 해적선이나 디즈니 캐릭터들이 창밖으로 지나다니는 디테일을 확인할 수 있을 것이다. 월트 디즈니 월드의 호텔 객실에 있는 문에는 두 개의 구멍이 뚫려 있는데, 하나는 일반적인 높이에 있고 다른 하나는 아이들의 눈높이에 맞춰져 있다. 이런 모습에서 디즈니가 온갖 사소한 부분까지 관심을 기울이고 있음을 알 수 있다. 또 쓰레기통 사이의 간격을 설계할 때도 그런 모습을 볼 수 있다. 공원을 설계한 사람들은 일반적인 사람들이 얼마나 오랫동안 쓰레기를 들고 다니는지 정확하게 파악(약 8미터)한 것은 물론이고 사람이 얼마나 붐비는지까지 고려했다. 그 쓰레기통을 찾아보고 싶다면 매직킹덤의 한 곳에서 다른 곳으로 이동해보라. 각 영역의 테마를 반영하여 디자인이 바뀐다는 것 역시 볼 수 있을 것이다.

고객의 기대를 뛰어넘는 것은 디즈니의 서비스 전략이다. 그리고 모든 디테일에 관심을 쏟는 것은 그러한 전략에 의해 얻어진 전술이다. 이들은 밀접하게 얽혀 있다. 디테일에 대한 주목에서 디즈니는 꾸준하게 고객의 기대를 뛰어넘고 있다. 쓰레기통의 겉모습이 바뀌는 것처럼, 고객들은 전혀 눈치채지 못할지도 모른다. 고객은 거기 있어야 할 것처럼 생기지 않은 것이 있다고 해서 이상하다고 여기지 않는다. 일관적이고 매끄럽고 수준이 높은 경험을 한다면 고객들은 다시 돌아온다. 그리고 고객들의 기대감은 더욱 커지고, 이로 인해 디즈니는 디테일에 대해 더욱 깊은 관심을 갖게 될 것이다.

디테일에 주목하여 고객의 기대를 뛰어넘는 것은 여러분의 고객을 위한 실용적인 마법을 만들어내는 방법이 될 수 있다. 하지만 날마다 양질의 서비스를 하도록 하는 것 자체만으로는 충분하지 않다. 회사 직원에게 '램프에 부딪히기'나 '감탄하는 고객'처럼 하라고 명령할 수 있지만, 그 결과는 분명히 좋지 않을 것이다. 성공하겠다는 야심에 불타는 직원이 갑자기 혼자 엉뚱한 방향으로 달려가 자신만의 양질의 서비스를 구현하는 동안, 나머지 사람들은 불안하게 우왕좌왕하다가 마침내 "정확히 뭘 하라는 말인가요?"라고 묻게 될 것이다.

그러한 질문은 충분히 타당하다고 할 수 있으며, 디즈니의 양질의 서비스 나침반이 답이 될 수 있다. 이 나침반은 양질의 서비스를 만들어내는 기업의 모델을 요약하고 있다. 이는 실용적인 마법이 만들어지는 생산 과정이다. 본질적으로 이 나침반은 모두가 공유하는 서비스의 비전을 만들 때 사용할 수 있다. 그러한 서비스의 비전은 전체적으로 힘을 합쳐 기업의 주요 요소(인력, 하부구조, 프로세스)를 조정한다.

이 책의 본문에서는 나침반이 가리키는 점들이 어떻게 작용하는지, 그리고 그 점들이 디즈니는 물론이고 디즈니를 그들 자신의 서비스 전략을 세우기 위한 아이디어와 개념을 얻는 원천으로 이용해왔던 다양한 기업 및 공공 조직에서 어떻게 적용되고 있는지에 대하여 알아볼 것이다.

양질의 서비스 나침반

양질의 서비스 나침반에는 네 가지 지점이 있다. 고객학guestology, 품질기준, 전달 시스템, 통합이 그것이다. 고객의 기대를 뛰어넘는다는 우리 서비스의 목표는 나침반의 중심에 자리한다.

나침반 지점 1: 고객학

고객학이란 디즈니가 고객을 알고 이해하기 위한 예술 및 과학을 일컫는 말이다. 이것이 나침반의 첫 번째 지점인 이유는 고객의 필요와 욕구, 인지, 감정 등이 다른 모든 지점에서 일어나는 활동의 기반이기 때문이다. 고객학은 초기 행동 방침을 확립하며, 새 고객의 정보가 수집되면 그 데이터는 조정을 하고 성능을 개선하는 데 이용된다.

고객학은 조직이 서비스 전략을 수립하기 위한 배경을 제공할 수 있게 한다. 디즈니가 고객의 기대를 뛰어넘으려고 하는 것은 어떤 의미일까? 우리는 가장 저렴한 상

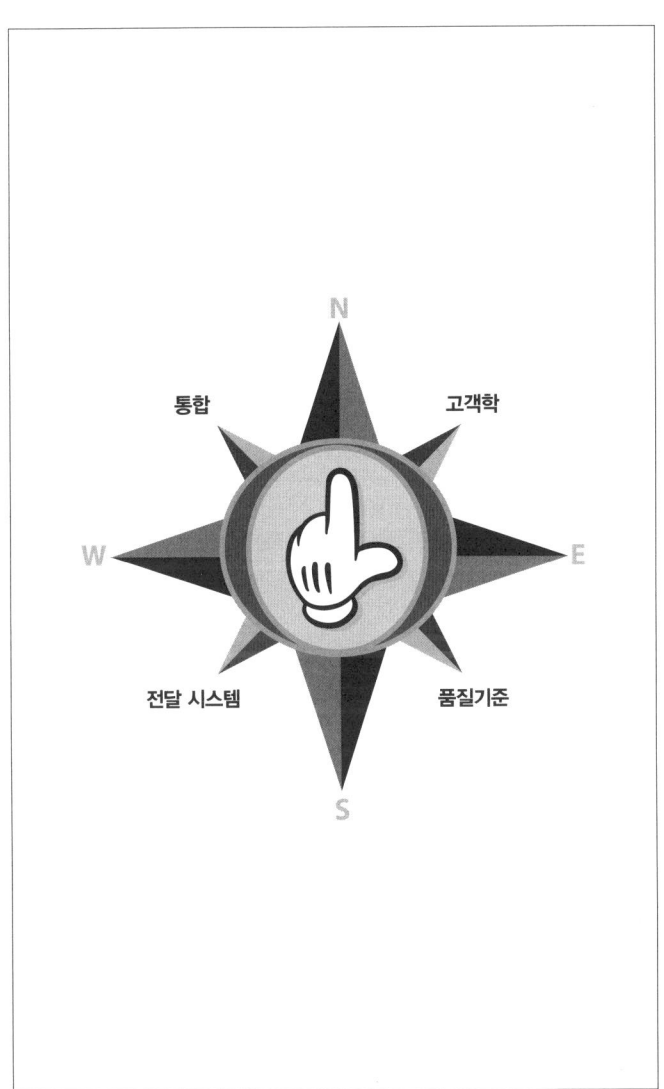

품과 서비스를 제공하려는 것이 아니라, 고품질의 엔터테인먼트를 제공하고 싶은 것이다. 가장 빠른 서비스를 제공하려는 것도 아니다. 놀이기구의 속도를 빠르게 하면 대기 시간을 줄일 수는 있겠지만 많은 경우 재미는 사라질 것이다. 우리가 고객의 기대를 뛰어넘으려고 하는 배경에는 행복이 있다.

디즈니에서 우리는 사는 곳이나 나이에 상관없이 사람을 행복하게 해주려고 노력한다. 이러한 공통의 목표는 사람을 끌어모으는 깃발과 같은 것이다. 이는 출연진의 업무를 조정하고 고객에 대한 자신의 행동에 대한 토대를 확립한다. 경영진에게, 고객을 기대 이상으로 행복하게 해주는 것은 하나의 지침이다. 모든 결정은 그것과 비교하여 평가될 수 있다. 어떤 결정이 공통의 목표에 도움이 되는지 여부는 중요한 경영의 리트머스 테스트이다.

나침반 지점 2: 품질의 기준

여러분의 서비스 목표를 정의했다면 양질의 서비스 나

침반의 두 번째 지점인 품질의 기준에 대해 생각해보자. 품질의 기준은 두 가지 목표에 도움이 된다. 품질의 기준은 서비스 전략을 달성하기 위해 필요한 행동에 대한 기준을 확립한다. 그리고 양질의 서비스를 평가하는 데 도움을 준다. 디즈니 리조트 및 파크에는 네 가지 품질 기준이 있다. 이를 중요한 순서대로 나열하면 안전, 예의, 공연, 효율성 등이다. 나중에 보게 되겠지만, 이 순서는 아주 엄격한 원칙에 따라 정해진 것으로 출연진이 하는 일의 길잡이 역할과 함께 의사결정을 할 때 도움을 준다.

모든 비즈니스는 고유한 공통 목표와 자체적인 품질 기준이 있다. 2장에서 우리는 디즈니와 그 외의 다양한 다른 단체 양쪽에서 어떻게 이들이 만들어지고 사용되는지 살펴볼 것이다. 그리고 고객학에 필요한 기본적인 도구와 기술에 대해서도 논할 것이다.

나침반 지점 3: 전달 시스템

공통의 목표와 적절한 품질기준이 마련되었다면, 양질

의 서비스 나침반의 다음 지점인 전달 시스템을 살펴보자. 모든 기업이 공유하는 서비스 전달 시스템에는 인력, 무대, 프로세스 등 세 가지가 있다. 이들은 각각 3장, 4장, 5장에서 차례로 살펴볼 것이다.

출연진: 지난 수십 년 동안, 전 세계 모든 기업은 직원들이 가장 중요한 기업의 자산이라는 사실을 이해하기 시작했다. 이것은 양질의 서비스를 전달하는 과정에서 잘 알 수 있다. 대개 직원들은 고객들과의 접점에 서 있다. 그리고 고객과 직접적인 접점이 없다 하더라도 직원들은 서비스가 전달되는 과정의 운영을 통제하고 있다. 예를 들어, 디즈니 테마파크는 15년이 넘는 기간 동안 출연진이 고객 경험에 미치는 영향을 측정해왔다. 고객이 다시 찾아오는 이유로 가장 많이 언급된 것은 바로 출연진이다!

"디즈니의 이매지니어들은 친근한 느낌이 들게 하려고 무엇이든 마다하지 않는다. 하지만 출연진이야말로 진정한 테마파크의 운영자들이다." 제프 제임스 디즈니 인스티튜트 부사장은 말한다. "2억 달러짜리 놀이기구도 앞에 서 있는 출연진이 친절하지 않으면 재미가 없을 것이다." 이 발언과 그에 따른 결과는 월트에게 반향을 일으켰을 것이다. 무엇보다도 친절하고 다가가기 쉽고 기꺼이 도와주는 출연진은 새로운 유형의 놀이공원을 만들기 시작했을 때부터 그가 꿈꾸는 비전의 중요한 요소였다.

출연진에게 양질의 서비스를 전달할 준비를 하게 하는 것은, 포괄적이면서도 기업 전반에 걸친 이미지와 행동 기준을 소개하고 전파하는 필수적인 임무이다. 디즈니에서는 모든 신입 출연진이 이러한 업무 정보를 디즈니의 전통적인 오리엔테이션 프로그램에서 얻게 된다. 여러분은 이미 접해보았지만, 이 교육의 일부는 디즈니에서 사용하는 언어에 대한 것이다. 고객과 일, 직원 등을 묘사하는 데 사용된 바로 그 표현들은 출연진에게 어떤 역할을 하길 기대하는지 암시한다.

다른 기업과 마찬가지로 디즈니의 15만 출연진은 어마어마하게 다양한 역할을 수행한다. 따라서 출연진에게 필요한 정보와 도구를 습득하는 일의 많은 부분은 업무 중에 수행되어야 한다. 그러기 위해서는 장소에 따라 달라지는 업무 문화performance culture가 있어야 한다. 업무 문화는 일련의 행동들, 양식적인 몸짓이나 말투, 말하는 방식, 가치관 등 새로운 출연진이 자신의 업무 영역에 들어가면서 배우게 되는 것들이다.

3장에서 보겠지만, 기업 전반의 행동을 규정하는 일반적인 업무 요령과 업무에 따라 달라지는 업무 문화 모두 출연자의 스킬과 재능을 구축하는 데 사용된다. 또한 이들은 평가와 개선의 기준선을 제공한다.

무대: 두 번째 서비스 전달 시스템은 우리가 비즈니스를 수행하는 무대이다. 환경은 고객이 우리를 만나는 곳이다. 그곳이 소매점이든, 병원이든, 웹사이트이든, 콜센터이든, 고객이 접하는 환경은 고객이 경험한 우리 기업을 어떻게 인지하는가에 결정적인 역할을 한다. 고객이 경험하는 환경의 영향을 관리하는 것의 중요성은 다음과 같이 요약할 수 있다. '모든 것이 중요하다.'

디즈니의 역사에서 한 가지 간단한 사례를 찾아볼 수 있다. 초기 디즈니 이매지니어(디즈니의 모든 테마파크를 설계하고 만드는 사람들) 가운데 한 명인 존 헨치 John Hench는 월트가 무대를 다루던 모습을 기억한다. "디즈니랜드의 한쪽에서 다른 구역으로 이동할 때 월트는 일종의 실시간 디졸브 효과가 느껴지게 만드는 걸 보고 깜짝 놀랐어요. 심지어 각 구역의 경계에서는 도로의 질감까지 바뀌어야 한다고 고집을 부렸죠. 그 이유에 대해서 월트는 이렇게 말하더군요. '발바닥의 느낌을 통해서 무대가 바뀐다는 정보를 얻을 수 있잖아.'"8

디즈니 테마파크에서, "모든 것이 중요하다"가 의미하는 것은 모든 디테일(문에 달린 손잡이에서 식당까지)이 손님들에게 메시지를 보낸다는 것이다. 그 메시지는 공통의 목표와 품질 기준에 부합해야 한다. 그리고 볼거리를 만들고 발전시킬 수 있어야 한다. 다음에 매직킹덤(월트 디즈니 월드 리조트에 있는 4대 테마파크 중 하나—옮긴이)에 온다면, 즐거운 시간을 보내면서 테마와 테마 사이를 이동할 때 발바닥에서 무엇이 느껴지는지 관심을 기울여보기 바란다.

무대에는 환경과 환경 내부에 위치한 물건, 환경의 품질을 높여주는 절차 등이 포함된다. 우리는 4장에서 무대에 관한 몇 가지 구체적인 방법을 알아볼 것이다. 우리는 무대가 어떻게 품질 기준을 구체화하는지, 어떻게 손님의 경험을 이끌 수 있는지, 어떻게 모든 손님의 감각에 말할 수 있는지 보게 될 것이다.

프로세스: 세 번째 서비스 전달 시스템은 프로세스이다. 프로세스는 대개 출연자와 무대 모두 활용한다. 그리고 대부분의 집단에서 가장 두드러지는 서비스 전달 시스템을 구성한다. 디즈니 테마파크에서 서비스 프로세스는 놀이기구를 타는 손님들의 이동 프로세스, 호텔에서 체크인하고 체크아웃하는 프로세스, 의료사고나 화재 등 비상시 대응 프로세스 등이 있다.

모든 프로세스에는 연소점들이 있다. 아무리 정밀하게 조정된 프로세스라고 해도 문제가 발생(특히 수십만 명의 손님들로 수용능력이 한계에 이르렀을 때)할 수 있으며, 긍정적인 고객 경험에 기여하는 대신 손님의 즐거운 하루를 악

몽으로 바꿔 버릴 수도 있다. 연소점을 완전히 제거할 수는 없지만, 연소점이 폭발점이 되는 것을 방지하는 것을 목표로 삼을 수는 있다.

디즈니 인스티튜트의 조력자들이 자주 사용하는 한 가지 사례는 흔히 볼 수 있는 주차 문제이다. 손님들은 즐거운 하루를 마치고 나서 자신이 주차한 차가 어디 있는지 잊는 경우가 있다. 주차창마다 표지판과 번호가 매겨져 있고, 손님들을 입구까지 수송하는 트램에서 주차장의 위치를 여러 번 공지하지만 불가피하게 엉뚱한 곳에 차가 주차되어 있는 경우가 꾸준히 발생한다.

피곤한 고객들이 외로이 방황하게 방치하는 대신 주차장의 출연진은 임시 대책을 마련했다. 주차장은 순서대로 채워지기 때문에 트램 운전사들이 오전 몇 시에 어느 곳에 왔었는지 간단한 기록을 남기기 시작했다. 그 기록을 복사해서 하루일을 마칠 때 주차장 출연자에게 배포하면, 손님이 도착한 시간을 안다면 어디에 주차했는지 말해줄 수 있다. 연소점이 사라지고 서비스의 영웅이 탄생한 것이다!

 디버깅debugging은, 주차한 자동차 찾기 문제를 파악하고 해결하는 것처럼, 프로세스 문제 중 한 가지이며, 5장에서 더 상세하게 알아볼 것이다. 우리는 또한 관객이 더욱 양질의 서비스를 경험하게 하는 프로세스의 문제 세 가지에 대해 살펴볼 것이다. 출연자와 관객 사이의 소통, 혹은 출연자가 손님의 문제를 해결할 수 있는지 어떻게 확신할 수 있는가 하는 문제, 관객의 흐름, 즉 대기 시간의 문제, 서비스에 대한 주목, 즉 서비스 과정을 활용하지 못하는 손님을 처리하는 방법 등이 그것이다.

나침반 지점 4: 통합

 양질의 서비스 나침반의 마지막 지점은 통합이다. 통합이 의미하는 것은 매우 단순하다. 세 가지 전달 시스템을 결합하고 조정하여 완벽한 운영 시스템을 만드는 것이다. 출연자와 무대, 절차를 서비스 전략에 따라 결합하는 것이다. 그 결과 이례적으로 높은 품질의 고객 경험을 창출하여 우수한 서비스를 제공하는 모든 기업의 성공을 돕는 것이다.

통합은 논리적이고 단계적인 절차이다. 6장에서 우리는 여러분의 기업에서 성공적으로 통합을 달성하기 위한 길잡이로서 사용할 수 있고 쉽게 적용할 수 있는 매트릭스에 대해 설명할 것이다. 통합 매트릭스는 양질의 서비스를 얻어내기 위한 전투계획 역할을 할 뿐 아니라 서비스의 문제점을 해결하고 디즈니를 포함한 다른 기업에서 사용한 사례를 벤치마킹 하는 데 사용할 수 있다.

서비스의 마법

1928년 미키 마우스가 박스오피스를 강타한 뒤, 미키 마우스는 세계적인 아이콘이 되었다. 월트 디즈니의 상상력과 목소리, 그리고 어브 아이웍스Ub Iwerks(수많은 디즈니 애니메이션의 대가들 가운데 최고였던 인물)의 솜씨로 탄생한 만화 속의 생쥐는 반짝 스타가 아니었다. 월트가 최초의 사운드 트랙이 들어간 만화영화를 상영하려 했지만, 이 영화를 극장에서 틀어줄 배급업자가 나타나지 않았다.

마침내 월트에게 해결책을 내놓은 사람은 해리 라이헨

바흐Harry Reichenbach라는 뉴욕시의 극장 운영자이자 기획자였다. "그 사람들은 대중들이 말해주기 전까지는 뭐가 좋은지도 모릅니다." 라이헨바흐가 배급업자들에 대해 말했다. 그는 월트를 설득해서 《증기선 윌리Steamboat Willie》를 자신의 극장에서 2주일 동안 상영했다. 미키는 영화팬들에게 인기를 끌었다. 그러자 라이헨바흐가 예상한 대로 배급업자들이 디즈니와 계약하기 위해 모여들었다.

월트는 디즈니의 관객의 힘에 대한 중요한 교훈을 얻었다. 그가 1929년 혁신적인 《실리 심포니Silly Symphony》 시리즈 중 첫 번째 영화인 《해골의 춤The Skeleton Dance》을 개봉하려고 했을 때에도 배급업자들은 그를 외면했다. 이번에는 "생쥐가 더 많이" 나오길 배급업자들은 원했다. 그래서 월트는 관객을 직접 찾아갔고, 이번에도 관객들은 그의 영화를 인정해주었고, 이는 배급 계약에 큰 도움을 주었다. 1948년에도 월트는 디즈니 최초의 자연 모험 영화 《물개 섬Seal Ireland》이 배급에 어려움을 겪자 관객들을 찾아가 도움을 청했고, 필요한 도움을 얻을 수 있었다.

전 세계에 있는 주요 도시에 사는 사람들에게 월트를 아는지 물어보면, 그들은 한결같이 애니메이션 캐릭터, 영화, 테마파크와 관련된 대답을 할 것이다. 하지만 고객학자guestologist로서 월트가 거둔 성취 역시 마땅히 사람들에게 알려져야 한다. 월트가 고객을 알고 이해하는 데 대가이긴 했지만, 그는 "고객에게 집중", "고객에게 다가가는", "고객 중심" 같은 서비스 개념에 대해 들어본 적이 없었을 것이다. 하지만 월트는 직접 부딪혀서 해결하는 중서부 출신 특유의 방식으로, 고객이 그의 회사가 제작한 엔터테인먼트를 평가하는 가장 중요한(그리고 최종적인) 심판관이라는 것을 명확히 깨닫고 있었다.

"우리는 비평가들을 즐겁게 하려는 게 아냐." 월트는 이렇게 말하곤 했다. "대중에게 내 운을 시험해볼 거야." 하지만 최고의 고객학자들이 그러하듯 월트는 많은 것을 운에 의지하는지는 않았다. 그는 언제나 회사 고객들의 의견을 미리미리 조사했고, 고객들의 조언을 참고하여 자신의 아이디어를 개선했다.

인기 배우 커트 러셀은 십대 시절 실사영화를 디즈니에서 제작했는데, 제작사의 사장이 자신에게 관심을 쏟는 것을 보고 놀랐다. "가끔씩 월트가 세트장에 와서 물었죠. '지금 제작중인 영화 한 번 보고싶나?' 그래서 그와 함께 영화를 보고 함께 이야기를 나누었어요. 그리고는 그는 내게 질문을 던졌죠." 커트는 회상했다. "지금 돌이켜 생각하면 재미있는 것이, 그가 구속 받지 않는 열세 살 소년의 마음을 읽으려고 했다는 점이에요. 월트는 이렇게 물었죠. '이건 어떻게 생각하나?' 그리고 우리는 이런저런 생각을 함께 떠올렸죠. 월트는 어린 소년의 마음이 어떤지 알고 싶었던 것 같아요."

관객들이 무슨 생각을 어떻게 하는지 알고 싶었던 월트의 욕구는 디즈니랜드로 확장되었다. 나중에 디즈니랜드의 입구에 있는 둥근 아치 모양의 터널을 지나 '메인스트리트Main Street', 'U.S.A'에 가면, 왼쪽에 있는 '소방서Fire Station'를 쳐다보라. 그 옆에는 '시청City Hall'이 있고, 그곳에서는 '타운스퀘어Town Square'가 내려다보일 것이다. 건물의 외관을 잘 살펴보면 2층 창문 중 한 곳에 램프에 불이 밝혀 있을 것이다. 그 불빛은 월트에게 바치는 것으로, 공원 건축과 운영 초반을 감독하는 본부였던 작은 아파트를 비추고 있는 것이다. 그 아파트의 창문에서 월트는 디즈니랜드를 찾아온 공원에 대한 손님들의 첫인상이 어떠한지 관찰했다.

월트가 군중들을 내려다보는 모습을 보고 그가 손님들과 대면하는 것을 쑥스러워 했다는 생각을 했다면, 그것은 전혀 사실과 다르다. 월트는 디즈니랜드에 대한 경험을 나누는 것을 즐겼을 뿐 아니라 정기적으로 공원을 돌아다니며 손님들의 반응을 관찰했다.

훗날 월트 디즈니 이매지니어링Walt Disney Imagineering의 상무가 되어 디즈니랜드 파리의 총괄 디자이너 역할을 했던 토니 백스터는 십대 시절 디즈니랜드에서 다양한 일을 했다. 그는 어린 여동생을 데리고 공원에 왔고, 그가 일하는 동안 여동생은 공원에서 놀았다. 어느 날, 토니의 여동생과 여동생의 친구는 공원에서 월트를 만나서 그를 따라 '이츠 어 스몰 월드It's a Small World'에 갔다. 세 사람은 함께 놀이기구를 탔고, 월트는 놀이기구에서 내린 다음 다시 타고 싶을 만큼 재밌었는지 물었다. 그렇다는 대답이 돌아왔다. 월트는 "그러면 이번에는 노래를 불러야 한다"고 대답하며, 두 아이와 대기업의 리더는 함께 다시 한 번 놀이기구를 탔다.

디즈니랜드에 관리를 위한 건물을 세워야 한다는 의견이 나왔을 때 월트는 기를 쓰고 반대했다. "나는 여러분이 책상 앞에 앉아 있기를 바라지 않습니다. 공원에 나가서 사람들이 무엇을 하는지 관찰하고 사람들을 더 즐겁게 해주기 위해 어떻게 해야 하는지 찾기를 바랍니다." 직원들이 식사를 하기 위해 자리를 비우자 월트는 몹시 화가 났다. "사람들과 함께 줄에 서 있으세요. 그리고 제발 식사한다고 자리를 비우지 마세요. 공원에서 먹으면서, 사람들이 하는 말을 들으세요!"

제 회사에서는 모든 개인을 존중합니다. 그리고 우리는

모두 대중에 대한 깊은 존경심을 가지고 있습니다.

— 월트 디즈니

고객을 알고 이해하는 것을 강조했던 월트의 결과물 가운데 가장 인상적인 것은 월트 디즈니 월드 그 자체이다. 1950년대말 이미 월트는 미국 동부지역에 새로운 공원을 지으려고 계획하고 있었다. 하지만 디즈니랜드 스타일을 동부 해안 지역의 시민들이 좋아할지 확신이 서지 않았다. 1964년 뉴욕 세계 박람회는 그에게 남의 돈과 최대의 포커스 그룹을 이용하여 자신의 엔터테인먼트 브랜드를 시험할 수 있는 완벽한 기회를 제공했다(수천만 명의 사람들이 1964년과 1965년 박람회에 참석했다). 월트는 스폰서를 모았고, WED 엔터프라이즈(훗날 월트 디즈니 이매지니어링이 되었다)는 펩시콜라를 위한 '이츠 어 스몰월드'를 비롯한 네 가지의 주요 놀이기구를 만들었다. 박람회가 끝날 때까지 5천만 명이 가장 인기를 끌었던 디즈니의 주요 놀이기구 네 가지 중 한 가지 이상을 봤을 것으로 추정됐다. 그리하여 월트는 대서양 해안 지역에 새로운 디즈니 공원에 대한 막대한 수요가 있다는 것을 확신할 수 있었다.

고객학은 오늘날 디즈니에서도 중요하다. 예를 들어, 디즈니는 유아용품 회사에 여러 해 동안 캐릭터와 브랜드 사용권을 허가하여 디즈니 브랜드에 대한 소비자의 관심을 구축했다. 그런 다음 디즈니 컨슈머 프로덕츠 Disney Consumer Products는 자체적인 유아용품 기업인 디즈니 베이비 Disney Baby를 설립했다. 2011년 초 디즈니 베이비는 신생아의 사진을 판매하고 아이를 얻은 부모에게 공짜 선물 바구니를 배달하는 기업인 아우어365 Our365와 함께 새로운 유아용 의류를 테스트하기 시작했다. 디즈니 베이비는 이러한 마케팅 프로그램에서 20만장의 아동복을 나누어 주었다. 그리고 이제 막 부모가 된 사람들이 아동복을 좋아한다면 디즈니 베이비는 의류 생산을 확대하여, 결국 목욕 용품이나 유모차, 이유식 등 다른 상품으로 확장할 것이다.

고객학이란 무엇인가

고객학이라는 말이 다소 모호하게 들리기 때문에 조금이나마 그 정체를 파헤쳐보기로 하자. 고객학은 고객이 어떤 사람들인지 파악하고 그 고객들이 우리 회사에게 기대하는 것은 무엇인지 이해하기 위해 필요한 시장 및 소비자 조사를 뜻하는, 디즈니에서 사용하는 조어이다. 디즈니가 고객학에 바치는 시간과 노력은 우리의 믿음이 회사의 궁극적인 성공에 얼마나 중요한지 보여준다. 그리고 그 점에 대해서는 양질의 서비스를 성공적으로 제공하기 위한 여정에 착수한 그 어떠한 기업도 마찬가지일 것이다.

예를 들어, 월트 디즈니 월드에서 고객학 예산은 다양한 기법에 투자된다. 그 중에는 이미 여러분의 기업에서 사용하고 있는 기법이 있을 수도 있다. 회사의 시설 안에서 대면 조사가 실시된다. 보통 공원 입구나 다른 주요 출입구에서 실시된다. 특정 "고객의 소리 창구"가 고객의 질문에 응답하고 문제를 해결하고 정보를 수집하기 위한 전담 장소로 사용된다. 고객의 한 마디 카드 역시 자주 사용된다. 아마도 가장 중요한 것은 출연자들이 정규 업무의 일환으로 리조트를 여기저기 돌아다니며 고객의 의견과 고객을 관찰한 결과를 수집하고 보고하는 내용일 것이다.

활용도 조사 역시 월트 디즈니 월드 고객학 데이터베이스 구축에 기여하고 있다. 리조트의 사용 및 방문 패턴을 분석하고 비교하는 것이다. 고객들은 '캐리비언의 해적'을 보통 먼저 가는가, 아니면 나중에 가는가? 매시간 리조트의 교통 시스템을 사용하는 방문객은 얼마나 되는가? 여러 리조트의 점유율은 얼마나 되는가? 그러한 연구들은 모두 양질의 서비스를 구성하는 일부분이다.

손님을 가장하여 리조트의 여러 상점과 선물가게의 서비스를 확인하기 위해 물건을 구입하는 경우도 있다. 전화 설문조사는 무작위적으로 선택한 표본과 최근 방문객 등 양쪽 모두의 데이터를 이용하여 정보를 개발하는 데 사용된다. 고객의 편지와 이메일은 서비스 개선을 위한 더 많은 단서를 얻는 데 사용된다. 포커스 그룹은 기존의 탈 것과 놀이기구의 미래와 개선을 위한 정보를 수집하는 데 도움을 준다.

디즈니 인스티튜트에서 교육을 받고 있는 체리 바넷은 미시건 주에 기반을 둔 자신의 미용실 체인 글리츠 살롱을 확장하는 데 포커스 그룹을 적절히 활용했다. 어느 산업 통계 자료에서 화장품의 최대 고객층을 10세에서 16세 사이의 여성이라고 구체적으로 지적했을 때 바넷은 그러한 틈새 시장을 목표로 하는 미용실에 대해 생각하기 시작했다. 그녀가 가장 먼저 한 일은 잠재적인 고객에게 연락하는 것이었다.

"전화를 걸어 내 집으로 와서 이에 관한 이야기를 해보자고 부탁했어요. 그 지역의 아이들을 붙잡고 말했죠. 친구들을 데려오렴, 엄마 말고." 바넷은 회상한다. "한 번은 20세에서 25세 사이의 집단을 대상으로 조사를 했어요. 그들에게 미용실에 바라는 것을 말해달라고 부탁했죠. 가령 어떤 음악을 듣고 싶은지, 어떤 실내장식이나 로고가 좋은지 말이에요. 그들의 아이디어와 사고방식은 놀라웠어요. 실제로 로고를 만들기도 했어요. 나는 그저 그 로고를 가져다 마케팅 팀에게 '만들어'라고 말했을 뿐이지만요." 그 결과 세 번째 비공개 기업 미용실 체인점 글리츠 NXT가 탄생했다.

> 자신을 위해서 만들어서는 안 된다. 사람들이 원하는 것을 파악하여 그들을 위해 만들어야 한다.
> ― 월트 디즈니

고객학 기법에 의해 개발된 정보는 여러 가지 방법으로 활용된다. 당연한 말이지만, 그 결과가 책상 서랍에 처박혀 나오지 않는다면 시장조사에 한 푼이라도 투자할 곳은 없다. 고객이 제공하여 개발된 지식은 반드시 양질의 서비스 나침반의 모든 지점(서비스 기준부터 출연진, 무대, 프로세스 등 서비스 전달 시스템의 아주 사소한 부분에 이르기까지)을 만들고 개선하는 데 사용돼야 한다. 고객 데이터가 주로 적용되는 것은 서비스 전략을 개발하고 구현하기 위한 기준선과 기타 기준을 확립하고 기존의 서비스 계획을 개선하고 조정하는 것이다. 디즈니는 이러한 모든 목적을 위해 고객의 데이터를 사용한다.

영리한 고객학자들은 또한 그들의 고객(그리고 고객의 기대)이 늘 변화한다는 사실을 인지하고 있다. 따라서 고객학은 계속 진행중인 과제이다. 설문조사는 정기적으로 실시해야만 쓸모가 있다. 확실히 월트 디즈니 월드를 찾는 고객들이 해가 가면서 변화하고 있다. 공원이 문을 열던 1971년에 고객들을 대상으로 수행된 설문조사는 오늘날 역사적 문서 이외의 가치는 없을 것이다. 고객들의 기본적인 인구통계자료, 이를테면 평균적인 집단의 크기와 구성은 물론이고 고객의 사고방식과 기대감도 변화해왔고, 앞으로도 계속 변화할 것이다. 고객학은 계속하여 변화하는 고객의 모습을 추적하는 데 도움을 주고, 우리의 서비스 전달 시스템을 조정하는 데 필요한 단서를 제공할 것이다.

고객의 반응은 장기적으로는 물론이고 단기적으로도 변화한다. 디즈니 크루즈 여행을 마치고 방금 항구로 돌아온 고객들은 집으로 돌아와 30일이 지난 후 신용카드 명세서가 날아온 고객들과는 기분이 다를 것이다. 마법 같은 서비스 경험을 만들기 위해 디즈니는 그들의 고객이 다양한 시간대에 느끼는 감정을 알아야 한다. 이러한 이유로 고객 경험 전, 경험 도중, 경험 후 등 다양한 지점에서 정보를 수집하는 것이 중요하다.

월트 디즈니 월드에서 머무는 동안 고객들은 출연진과 여러 번 마주치게 된다. 이는 출연진이 고객에 대해 더 많이 알게 되고, 공연을 향상시키고, 디즈니와 고객의 유대를 강화할 수 있는 기회이다. 우리는 다음 장에서 이러한 성취를 이루는 방법에 대해 알아볼 것이다.

고객을 알고 이해하기

우리가 고객학을 말할 때 고객에 대한 지식과 이해에 관한 학문이라고 한다면, 우리는 또한 고객 연구를 통해 개발된 두 가지 주요 정보를 정의하고 있는 것이다. 그것은 인구통계학적demographic 정보와 심리학적psychographic 정보이다.

인구통계 정보

디즈니에서 인구통계 정보는 고객에 대한 사실에 기반한 지식으로 간주한다. 인구통계는 주로 한 집단의 물리적인 속성을 표현하며, 대개 정량적인 데이터로 구성된다. 인구통계 정보는 고객이 누구이고, 어디에서 왔으며, 이곳까지 오는 데 얼마나 많은 노력을 해야 하는지, 얼마나 많은 돈을 쓰는지 등을 말해준다.

인구통계 자료의 또 다른 가치는 고객이 어떤 사람이라는 사실을 알게 되면, 저절로 고객이 아닌 사람이 어떤 사람인지 또한 알게 된다는 점이다. 어떤 사람들이 우리와 거래하지 않는 사람인지 알게 되면 서비스의 주제와 전략이 크게 변화하게 되는 계기가 될 수 있다. 특히 대규모의 잠재 고객을 놓치고 있다는 사실을 알게 된다면 말이다.

인구통계 자료는 양질의 서비스 나침반이 올바르게 중심이 잡혀 있는지 확인하는 데 도움이 된다. 이는 아주 기본적인 것처럼 보이지만, 인구통계 자료가 그동안 간과되어 왔던 기본적인 시장의 현실에 대해 많은 기업의 눈을 뜨게 했다는 사실을 알면 깜짝 놀랄 것이다.

심리학적 정보

심리학적 정보는 디즈니가 고객의 정신 상태를 이해하는 데 도움을 주는 고객 연구 데이터의 범주이다. 심리학적 자료는 고객에게 필요한 것은 무엇인지, 무엇을 원하는지, 어떤 선입견을 가지고 있는지, 어떤 감정을 경험할 것인지에 대한 단서를 제공한다. 디즈니 인스티튜트에서 우리는 이러한 단서를 필요와 욕구, 스테레오타입, 감정 등으로 분류하며, 이들을 표현하기 위한 새로운 나침반 모델(고객학 나침반이라고 불리는)을 만들 수 있다.

고객학 나침반의 네 지점을 개발한다는 것은 고객으로부터 생성된 정성적인 반응을 얻어낸다는 의미이다. 이것은 답이 없는 질문을 하거나 고객들이 속내를 털어놓을 수 있도록 도움을 준다면 얻을 수 있다. 고객의 대답이 쌓이면 고객이 기대하는 것이 무엇인지 드러난다. 이는 결국 그러한 기대를 뛰어넘기 위한 기준이 된다.

월트 디즈니 월드와 BMW 캐나다, 두 가지 사례의 도움을 받아 고객학 나침반의 요소를 자세히 들여다보자. 디즈니 인스티튜트에 소매점 인력 700명 이상을 보냈던 BMW 캐나다는 1986년 뮌헨에 기반을 둔 BMW AG의 완전소유 자회사로 설립됐으며, 캐나다 전역에 있는 65곳의 BMW 및 MINI 자동차 소매점과 19곳의 바이크 소매점을 관리한다.

필요는 네 가지 나침반의 지점 중에 가장 쉽게 결정할 수 있다. 고객들이 월트 디즈니 월드에 오는 것은 무엇이 필요해서인가? 휴가다. 고객들이 BMW 소매점에 가는 것은 무엇이 필요해서인가? 자동차다. 필요는 분명하게 드러나는 경우가 많으며, 보통 우리가 제공하는 제품 또는 서비스와 일치하지만 사이코그래픽 프로파일의 대략적인 윤곽밖에 제공하지 못한다.

욕구는 잘 드러나지 않는다. 욕구는 고객의 숨은 목적을 암시한다. 월트 디즈니 월드의 수많은 고객들은 단순한 휴가 이상을 바란다. 오랫동안 남을 즐거움으로 가득한 가족 경험의 기억을 바라는 것이다. BMW의 고객은 고성능 자동차의 지위를 바랄 수도 있다. 욕구가 점차 드러나면서, 고객이 어떤 사람인지에 대한 윤곽이 드러난다. 이는 인구통계, 지형을 비롯한 전통적인 마케팅 접근법과 극명한 차이를 보일 수 있다.

스테레오타입은 고객이 여러분의 기업이나 업계에 대해 가지고 있는 선입견을 말한다. 고객은 출연진이 그들

을 특정한 방법으로 대하길 기대하면서 디즈니 공원에 온다. 고객이 BMW 대리점에 갈 때는 전문가들이 특정한 방식으로 자신들을 대하길 기대할 것이다. 고객의 스테레오타입을 파악하면 그들이 무엇을 기대하는지에 대한 소중한 단서를 얻게 된다. 이러한 단서들은 우리가 고객에 대한 정보를 얻는 데 도움을 준다.

 끝으로 감정은 고객들이 우리 회사와 접촉하면서 경험한 느낌을 말한다. 월트 디즈니 월드에 온 손님들은 다양한 감정의 변화를 경험할 가능성이 크다. 그중에는 '로큰롤러코스터Rock'n'Roller Coaster'를 탈 때처럼 긍정적인 감정도 있고, 기나긴 줄에 서 있을 때처럼 부정적인 감정도 있다. BMW 자동차 구매자 역시 마찬가지로 다양한 감정의 폭을 경험한다. 이들 중에는 자부심과 함께 신이 나서, 새 차를 타고 출발하는 사람도 있고, 처음으로 서비스를 받기 위하여 걱정스럽게 돌아오는 사람도 있다. 두 회사 모두 목표는 긍정적인 감정적 관계를 구축하는 것이다. 실제로 은행계좌에서 구입비용이 빠져나갈 때에도 말이다.(돈을 내고서도 여전히 "와우"라고 감탄할 수 있는 고객이 얼마나 될까?) 고객의 감정 상태의 변화까지 파악하게 되면 그 고객에 대한 정보는 완벽해진다.

다음에 나오는 표에서는 고객학 과정에서 개발된 고객 정보의 몇 가지 사례를 제공한다. 유심히 살펴보면서 우리 고객은 어떨지 생각해보라.

디즈니에서 고객학 나침반에 필요한 데이터를 수집하고 분석하는 과정은 손님이 우리의 제품과 서비스, 경험 등에서 무엇을 기대하는지 이해하는 데 크게 도움이 된다. 이러한 지식은 양질의 서비스 나침반의 나머지 지점에서 손님의 기대를 충족하고 뛰어넘는 데 이용된다.

	니즈	원하는 것	고정관념	감성
월트 디즈니 월드 리조트	휴가	행복 지속되는 추억	디즈니는 어린이용 긴 줄 깨끗함 친절함 비싸다 재밌다	입장할 때는 신남 하루를 마치면 발이 피곤하다 '스페이스 마운틴'의 스릴
보험 대리점	생명보험정책	마음의 평화	돈을 돌려받지 못한다 도움이 필요할 때 늘 그 자리에 있는 이웃처럼 보험금을 신청해서 받으려면 허새헐이다	사고가 발생했을 때 보상받을 수 있는지 여부의 자존의 불확실성 보상받을 때 느껴지는 안도감
자동차 판매점	자동차	지위 자유 신뢰	중고차 판매원 신차 판매원 고급 자동차 판매원	차를 살 때 느껴지는 흥분 차를 사고 며칠 뒤 느껴지는 후회
금융기관	은행계좌	재정안정 투자수익	대리석 바닥 모직 양복에 옥스포드 셔츠 짧은 노동시간 창구 직원 앞에 길게 늘어선 줄	차에서 일을 볼 수 있는 창구 앞에 길게 늘어선 줄에 느껴지는 조바심 첫 적금을 살 때 받으셨던 대출을 모두 갚으실 때의 자랑함

공통 목표의 힘

"내가 하는 비즈니스는 사람, 특히 어린이를 행복하게 하는 것이다." 반 세기 전에 월트 디즈니가 말했다. 겉보기에 단순하고 직접적인 문장이긴 하지만 이 인용문은 월트 디즈니사의 서비스 윤리의 깊이를 가늠하게 해준다. 이는 우리 비즈니스의 사명에 대한 토대이다. 우리가 무엇을 대표하고 왜 존재하는지 나타낸다. 그것이 우리의 공통 목적인 것이다.

1955년 디즈니랜드에 대한 월트의 비전이 현실이 되면서, 그러한 목적은 새로운 테마파크의 첫 직원들에게 디즈니 서비스의 기본을 소개하고 손님들과 교류하는 길잡이 역할을 하기 위한 방법으로 처음 모습을 드러냈다. 디즈니 유니버시티의 첫 오리엔테이션에서는 "공통 목표"라는 이름으로, '우리는 행복을 드릴 것입니다'라고 배웠다. 해가 지나면서 한두 가지 변화가 있었지만, 오늘날 새로운 출연진이 듣는 내용도 본질적으로 다르지 않다. 요즘에는 이렇게 배운다. '우리는 사는 곳과 나이에 상관없

이 모든 사람을 위한 최선의 엔터테인먼트를 제공하여 행복을 드리겠습니다.'

1950년대 이후 비즈니스 세계에는 조직의 비전, 사명, 가치 등에 대해 많은 이야기가 있었다. 경영학자들은 조직의 의도에 대한 이러한 제시들이 매우 효율적으로 직장을 통합하는 역할을 한다고 말하며, 연구를 통해 잘 규정된 이데올로기가 있는 기업들은 장기적으로 성공한다는 사실을 보여주었다. 《성공하는 기업의 8가지 습관(Built to Last)》의 공동저자 짐 콜린스와 제리 포라스는 그런 기업을 비전 기업visionary company이라고 불렀고, 비전 기업은 "1925년 이후 일반 주식시장보다 12배 높은 수익을 올렸다."

"리더는 죽고, 상품은 폐기되며, 시장은 변화하고, 신기술이 등장하고, 경영의 사조는 나타났다 사라지지만, 위대한 기업의 핵심 이념은 계속해서 길을 안내하고 영감을 불어넣어준다." 그들이 《하버드 비즈니스 리뷰》에 쓴 글이다.

많은 기업이 그러한 취지를 이해하고 재빠르게 그들의 목표와 가치를 글로 표현했다. 기업들은 그 글을 명판에 새긴 다음 벽에 걸어 놓아 모든 고객과 직원이 보게 했다. 하지만 많은 경우 그러한 노력에도 한계가 있었다. 정선된 문장이었지만, 누구도 관심을 기울이지 않았다. 콜린스와 포라스는 그 이유가 핵심 이념(한 기업의 목표와 가치)은 단순히 선언만으로 얻어지는 것이 아니기 때문이라고 말한다. 그보다는 기업의 현실을 반영하거나 새로운 이상을 창조하여 그 이상이 현실이 될 때까지 추구해야 한다.

존슨앤드존슨, 3M, 휴렛팩커드 같은 기업들처럼 디즈니의 공통 목표가 성공적인 이유는 기업의 유산에 근원을 두고 있고 일상적인 기업운영을 통해 지원받고 있기 때문이다. 그저 명판 위에 새겨진 문장이 아니라 살아 있는 주제이며, 세 가지 중대한 필요에 기여하고 있다. 디즈니의 공통 목표는 조직의 사명을 명확히 규정하고 있으며, 내부적으로 메시지를 전달하며, 기업의 이미지를 창출하고 있다.

디즈니의 공통 목적은, 아주 분명한 목소리로 하나의 목표(행복을 드립니다)를 선언하고, 어떻게 그러한 목표를 성취할 것인지(최선의 엔터테인먼트를 제공하여) 기술하며, 고객층(사는 곳과 나이에 상관없이 모든 사람)을 정의한다. 오늘날 디즈니에서 "엔터테인먼트"는 텔레비전, 영화, 책, 테마파크, 크루즈, 장난감 등을 의미한다. 하지만 공통 목표는 우리 기업에 알맞은 것이 무엇이고, 아닌 것은 무엇인지에 대해 명확하게 집중하고 있다. 아마도 디즈니가 만든 제트기나 디즈니 은행의 주택자금 대출은 보지 못했을 것이다. 공통 목적은 한 기업의 영역을 정의한다.

공통 목적은 또한 기업 전체에 메시지를 전달한다. 전 세계에서 일하는 디즈니의 직원 15만 명 모두에게 궁극적인 목적에 대해 말해주어 사람들을 집결시키는 역할을 한다. 공통 목적은 모든 출연진이 공통적으로 가지고 있는 한 가지이며, 각자의 업무가 무엇이든 상관없이 우리 모두가 고객에게 행복을 주는 데 도움이 되는 기대감을 정의하고 있다.

결론적으로, 공통 목적의 주제는 기업의 대중적인 이미지의 토대가 된다. 그것은 고객에게 우리 기업에게 무엇을 기대할 수 있는지(최선의 엔터테인먼트) 말해준다. 공통 목표는 명시적인 약속이며 양날의 검이다. 고객의 기대를 충족하거나 뛰어넘는다면, 행복을 느낄 것이다. 그렇지 못하다면 고객들은 불쾌할 것이 틀림없다.

비슷비슷하게 들릴 수도 있지만, 모든 기업은 자신만의 고유한 공통의 목표를 만든다. 당연한 말이지만, 디즈니의 사명인 행복을 주는 것은 단순히 흉내낼 수 있는 것이 아니다. 자신만의 서비스 지향적인 목표를 만드는 것이 중요하다. 그것이 양질의 서비스 나침반의 기본적인 요소이다.

톰 피터스와 밥 워터먼이 그들의 뛰어난 저서 《초우량기업의 조건》에서 그에 대해 했던 말이 있다. "그러한 기업들이 서비스에 대해 프리토Frito(스낵류를 생산하는 세계적인 식품기업—옮긴이)나 IBM, 디즈니처럼 광적으로 집착하는 것과는 별개로, 초우량기업들은 모두 조직 내부에 매우 강력한 서비스 개념이 스며들어 있는 것으로 보인다. 사실 초우량기업에 대한 가장 중요한 결론 중 한 가지는 그들이 금속 가공을 하건, 첨단기술을 다루건, 햄버거를 만들건, 모두 그들 자신이 서비스 비즈니스를 하고 있다고 정의한다는 것이다."

1990년대 미국 정부는 스스로를 서비스 비즈니스라고 재정의하는 데 대부분의 시간을 투자했다. 이러한 계획의 원칙 중 하나는 소비자 중심적인 성과중심 조직으로 정부기관을 재편하는 것이었다. 맨 처음 공식적으로 성과중심 조직이 된 것은 교육부의 학생재정지원국Student Financial Assistance, SFA이었다. 당시 디즈니 인스티튜트의 고객이었던 SFA는 보조금, 학자금 대출, 연구지원금으로 매년 600억 달러의 자금을 처리했다. 그곳의 공통 목적은 단순하고 설득력이 있었다. "우리는 미국을 교육시킨다."

그 짧은 문장으로 SFA는 매년 더 높은 단계의 교육을 받기 위해 도움을 받고 있는 900만 명 이상의 미국 학생들이 최종 고객이라는 것을 보여주었다. 이것이 중요한 까닭은 SFA 직원들이 학자금 대출이 필요한 미국 가정을 늘 직접 대면하는 것이 아니기 때문이었다. 그들은 대신 최종 고객인 학생에게 전달하는 시스템 역할을 하는 학교, 은행, 대출 보증인 등의 협력기관과 일했다. 직원들이 다시 학생에게 관심을 쏟게된 것은 지금은 고인이 된 SFA의 최고경영자이자 공통 목적을 재창조한 그렉 우즈가 말한 내용 때문이었다. "SFA에서 일하는 사람들은 대출을 하고 보조금을 지급하는 것이 자신의 업무라고 생각하면, 기계적인 자세로 일을 합니다. A라는 곳에서 B라는 곳으로 서류를 이동시키듯이 말입니다. 하지만 그들이 하고 있는 일이 실제로 어떤 일인지 접하게 되면, 자신이 사람들이 꿈에 다가갈 수 있게 도와주고 있다는 것을 알게 됩니다. 그때부터 다른 일을 하게 되는 겁니다."

SFA가 더 좋은 고객 서비스를 하는 방법을 배우기 위해 가장 먼저 찾아간 곳이 그들의 고객이라는 사실은 주목할 가치가 있다. 우즈는 전국의 학생과 부모, 협력사의 운영자와 200회의 경청회를 수행했던 책임자로 구성된 태스크포스를 구성했다. 개선을 결정하기 전에 8000건의 고객 의견을 수집하여 분석했다. 이러한 것이 현실 속의 고객학이다.

공통의 목적에 대해서 마지막으로 하고 싶은 말은, 영원히 변화하지 않을 필요는 없다는 것이다. 예를 들어, SFA는 현재 매년 1500억 달러 이상을 지원하고 있다. 2006년 SFA는 공통의 목적을 이렇게 바꾸었다. "여기서 시작해서, 더 멀리 나아가라." 영원한 것은 없다. 하지만 어떤 목적이 제대로 확립되면, 오랜 시간에 걸쳐 진화하면서 아주 천천히 변화할 뿐이다.

사실 콜린스와 포라스의 의견은 비즈니스 전략이나 일련의 목표와는 달리 한 조직의 핵심 목표는 적어도 한 세기는 지속될 수 있고 지속되어야 한다는 것이었다. "목표를 이루거나 전략을 마무리할지는 모르지만, 목적을 실현할 수는 없다. 그것은 마치 수평선 위에 떠 있는 길잡이별과 같은 것이다. 영원히 좇아가지만 결코 도달할 수 없는." 그들은 설명했다. "목적 자체는 변화하지 않지만, 목적은 변화를 일으킨다. 목적을 실현할 수는 없다는 사실 자체가 조직은 결코 변화와 진보를 멈출 수 없다는 것을 의미한다." 이는 더할 나위 없이 훌륭한 공통 목적의 요약이다.

디즈니 공통 목표의 진화

연도	공통 목표	의미
1955	행복을 드립니다	테마파크에 대한 아이디어를 개발하기 시작했을 때부터, 영화 업계에서 일했던 경험 덕분에 고객들이 찾는 "욕구"가 행복이라는 것을 알고 있었다. "우리"는 하나의 팀이자 출연자들이다.
1971	우리는 최상의 가족 엔터테인먼트를 제공하여 행복을 창조한다.	"최상"이라는 표현을 사용하여 격동의 시대에 시장과 경쟁이 있었다는 사실을 인정했다.
1990	우리는 나이와 장소에 상관없이 최상의 엔터테인먼트를 제공하여 행복을 창조한다.	90년대 디즈니는 어마어마하게 다양한 잠재 고객이 존재하는 세계 시장이 생기고 있다는 사실을 깨닫고 있었다.
2011년 이후	우리는 … 행복을 창조한다.	디즈니는 계속해서 고객들의 변화와 요구사항을 주시한다. 서비스의 테마는 계속해서 진화하지만 어느 정도는 그대로 남아있다.

공통 목적의 정의

공통 목적에는 고객에 대한 약속과 직원들의 사명이라는 역할이 있기 때문에, 자연스럽게 어떻게 그러한 약속과 사명을 실현할 것인가라는 질문에 이르게 된다. 그에 대한 답은 양질의 서비스 나침반의 두 번째 지점인 품질 기준을 확립하는 것이다. 품질 기준 혹은 서비스의 가치는 공통 목적을 일관적으로 전달할 수 있게 보장하는 운영 기준이다. 이는 조직의 목적에서 나온 것으로 결국 목적을 성취할 수 있게 도와준다.

디즈니에서 품질 기준은 디즈니의 놀이기구 사업의 역사에 뿌리를 두고 있다. 1940년대 월트가 처음 디즈니랜드를 구상했을 때 품질 기준은 과거 그가 아이들을 데려갔던 기존의 놀이공원과는 전혀 다른 놀이공원을 상상했던 그의 비전에 내재되어 있었다. 월트의 공원은 깨끗하고, 직원들은 친절하고, 가족 모두가 즐길 수 있는 곳이었다. 1955년 교육 컨설턴트 밴 프랭스Van France와 딕 누니스Dick Nunis(훗날 월트 디즈니 놀이기구의 회장이 되었다)가 디즈니 최초의 직원들을 위한 예비 교육 시간을 만들면서, 그들은 "행복을 드린다"는 주제에 따라, 그러한 주제를 성취하기 위한 구체적인 행동과 연결하기 시작했다. 1962년 딕이 그러한 구체적인 행동을 개선하여, "훌륭한 공연good show"의 네 가지 주요 구성요소를 만들면서, 디즈니 공원의 품질 기준이 명시적으로 정의되었다.

딕의 네 가지 요소는 안전, 예의, 공연, 수용력(나중에 효율성으로 바뀌었다) 등이었고, 오늘날에도 여전히 디즈니 파크 및 리조트 사업의 품질 기준으로 사용되고 있다. 네 가지 요소들은 공통의 목적이 어떻게 구현되는지 나타내며, 디즈니 직원들이 고객 경험에 기여하는 행동을 평가하고 우선순위를 정하는 데 도움을 주는 일단의 여과장치를 제공한다. 우리의 품질 기준이 어떻게 공통의 목적을 지원하는지 자세히 살펴보자.

안전

부상을 당하거나 자신이나 가족의 안전에 위협을 느끼

는 손님이 불행할 것이라고 말하는 것은 매우 무례한 표현이다. 그래서 안전에 대한 품질 기준은 고객의 안녕과 마음의 평화가 늘 제공되어야 한다.

디즈니의 이매지니어(이 문서 15쪽에 설명이 나옵니다) 브루스 존슨은 그것이 놀이기구 개발에서 무엇을 의미하는지 설명해주었다. "통계수치는 우리에게 아주 불리합니다. 생각해보세요. 문제가 발생할 확률이 100만 분의 1인데, 천만 명이 우리가 만든 놀이기구를 탄다면, 어떤 사고든 열 번은 발생할 겁니다. 우리는 그처럼 백만 번에 한 번 정도 문제가 발생할 확률로 디자인을 할 수는 없어요. 수억 번에 한 번 정도의 사고 발생 확률로 디자인해야만 합니다."

디즈니는 안전을 품질 기준으로 수용하여 안전에 대한 문제를 리조트 및 파크의 모든 요소에서 해결하고 있다는 것을 보장한다. 안전 장치들은 무엇보다도 우선적으로 놀이기구와 교통 시스템, 호텔, 식당 등의 설계에 반영되었다. 대규모 전담 안전요원 외에도 리조트 전역에 있는 전체 출연진은 안전 절차와 지역의 특색에 따른 안전 실무 교육을 받는다.

예의

예의의 품질 기준을 충족하려면 모든 손님이 VIP, 즉 아주 중요하거나, 혹은 아주 개인적인 사람처럼 대접을 받아야 한다. 기준을 지킨다는 것은 단순히 우리가 대접 받고 싶은 식으로 사람들을 대하는 것 이상을 의미한다. 사람의 감정과 능력, 문화를 인지하고 존중하여 그들이 대접 받고 싶은 방식대로 대접한다는 것을 뜻한다.

여러분이 사는 곳이 플로리다의 올랜도이든, 홍콩이든 누군가가 디즈니에서 일하는지 알고 싶다면 길을 물어 보기만 하면 된다. 나를 도와주려는 사람이 두 개 이상의 손가락이나 손을 모두 편 채 방향을 가리킨다면, 그 사람이 디즈니 직원일 가능성이 크다. 왜냐하면 한 손가락을 이용해서 방향을 가리키는 행동이 일부 문화에서는 무례하는 것으로 간주하고 있어서, 신입 출연자들이 가장 먼저 배우는 것 가운데 하나가 정중하게 방향을 가리키는 방법이기 때문이다.

예의를 품질의 기준으로 삼는다는 의미는 예의를 조직 전체에 걸친 행동이 되게 한다는 것이다. 그러므로 디즈니 파크 및 리조트가 하나의 조직으로서 대인관계에 능숙한 출연진을 선발하여, 고용하고, 훈련시키는 책임을 져야 한다. 출연진은 친절하게 대하고, 자주 하는 질문에 대한 답을 인지하고, 가능한 경우에는 손님을 목적지까지 직접 안내하여 손님의 행복을 폭넓게 책임지도록 배운다. 출연진에게 그것은 디즈니의 손님들을 도와주고 관여하기 위해 손을 내밀어 주도적으로 예의 바른 자세를 취한다는 의미이다. 디즈니 인스티튜트의 조력자들의 말처럼 "손님이 언제나 옳지는 않을지 몰라도, 언제나 우리의 손님이다."

공연

공연의 품질 기준을 충족하려면 손님을 위한 매끄럽고

특출한 엔터테인먼트가 있어야 한다. 디즈니의 공통 목적은 "최상의 엔터테인먼트"가 최상의 상태에서 보여지길 요구한다. 이 말은 손님이 리조트에 머무는 동안 처음부터 끝까지 방해 받지 않아야 한다는 의미이다. 디즈니 테마파크가 세계에서 가장 인기 있다는 사실은 공연의 기준을 지키고 있다는 증거이다.

월트 디즈니는 언제나 훌륭한 공연을 제공하는 데 집중했다. 공연이 훌륭하면 관객들은 절대 무심코 다른 데 한눈을 팔거나 방해받지 않는다. 지금은 은퇴한 월트 디즈니 이매지니어링 회장 마티 스클라는 월트와 함께 디즈니랜드를 걷던 때를 떠올렸다. 그들이 '마이크 핑크 킬 보츠 인 프론티어랜드the Mike Fink Keel Boats in Frontierland'에 이르렀을 때 한 홍보담당자가 그들이 있는 곳으로 차를 몰고 왔다. 월트는 어안이 벙벙했다. 월트가 정색하며 물었다. "1860년에 이곳에 자동차가 웬 말이오?"

이야기는 디즈니 리조트와 파크 전역(그리고 회사의 비즈니스에서도)에서 계속 반복되는 개념이다. 예를 들면, 모든 리조트는 한 이야기를 중심으로 건설되며, 풍경에서 램프까지 모든 세부 설계는 그 이야기의 주제에 맞춘다. 모든 공원은 다수의 이야기를 중심으로 건설되고, 쓰레기통에서 간식거리까지 그러한 이야기를 반영하여 설계된다. 극장에서 하는 말부터 출연진의 개인적인 외모에 이르기까지 비즈니스의 인적 자원들은 공연의 구성요소이다. 업무는 연기이고, 유니폼은 의상이다. 이 모든 것이 더해져 결국 매끄러운 공연이 탄생한다.

효율성

효율성의 품질 기준을 충족하려면 테마파크 및 리조트를 매끄럽게 운영해야 한다. 우리는 효율성을 추구하면서 손님이 원하는 대로 테마파크를 마음껏 즐길 수 있는 기회를 제공한다. 뿐만 아니라 효율성은 디즈니의 수익을 높여주고, 이는 고객이 디즈니의 시설을 최대한 많이 사용할 수 있다는 의미이다.

우리는 그 사실을 테마파크 및 리조트를 위해 만들어

진 교통 시스템에서 알 수 있다. 홍콩에서는 우리 고객의 편의를 위해 3.5킬로미터의 지선, 즉 디즈니랜드 리조트 라인이 홍콩시의 대중교통 철도 시스템에 추가되었다. 월트 디즈니 월드에서 공항을 오가는 무료 셔틀 서비스, 매지컬 익스프레스가 생겼다. 손님들은 심지어 호텔에서 그들이 타고 가는 항공편에 가방을 부칠 수 있어서 목적지 공항 컨베이어 벨트에서 가방을 찾을 때까지 신경쓰지 않아도 된다. 공원 내부에는 버스와 모노레일, 디즈니가 디자인한 옴니무버Omnimover들이 계속해서 최대한 가장 효율적인 방식으로 손님을 이동하게 해준다.

디즈니는 시설 전체에서 운영의 효율성을 추구한다. 우리는 적절한 장비와 직원을 제공하기 위하여 손님이 이동하는 흐름과 사용 패턴을 연구한다. 운영 체크리스트를 이용하여 매일 수요에 대비한다. 매출 수준을 분석하여 제품과 서비스의 수량과 비율을 적절하게 공급하여 고객이 최선의 경험을 할 수 있도록 서비스의 최적 속도를 확립한다.

하지만 단순히 품질 기준을 아는 것만으로는 충분하지 않다. 품질 기준 사이에 우선 순위도 정해져야 한다. 그렇지 않다면 품질 기준 사이에 충돌이 발생할 경우 어떤 일이 벌어질까? 이런 경우를 생각해보자. 보행기를 이용하는 한 손님이 이동식 탑승 플랫폼에 들어가서 전체 놀이기구의 속도를 바꿔야 하는 경우가 발생한다면, 출연진은 어떻게 해야 할까? 놀이기구의 속도를 늦추거나 정지시켜서 나머지 손님들을 불편하게 해야 할까, 아니면 누군가의 도움 없이는 탑승할 수 없는 그 손님을 그대로 방치해야 할까?

디즈니 파크 및 리조트는 품질 기준에 우선 순위를 정했고, 우리는 지금까지 올바른 순서(안전, 예의, 공연, 효율성)에 따라 기준을 살펴보았다. 일단 이러한 우선 순위를 알게 된다면, 문제에 대한 해결책은 명확해진다. 출연진은 곧 탑승 절차의 효율성과 공연의 연속성, 그리고 다른 손님을 예의바르게 대접하는 것보다도 손님의 안전을 우선해야 한다는 사실을 알고 있다. 우선순위가 정해진 품질 기준은 손님의 기대를 뛰어넘기 위한 등대 같은 역할을 한다.

끝으로, 공통의 목적처럼 여러분 기업의 품질 기준은 월트 디즈니 월드의 기준과 분명히 다를 것이다. 그럼에도 불구하고, 품질 기준은 그러한 공통의 목적을 이루게 해주며, 서비스에 대한 의사결정과 평가의 기준을 정의하고 지정해준다.

올드 뮤추얼 그룹은 남아프리카공화국에 본사가 있는 국제적인 금융 서비스 기업으로 훌륭한 사례를 제공하고 있다. 1845년에 창립된 올드 뮤추얼은 전 세계에 5만여 명의 직원이 있다. 2001년 일련의 고객 및 직원 대상 설문조사를 실시한 뒤, 회사의 임원들은 고객 서비스를 체계적으로 개선하기로 결정했다. 제리 반 니커크는 경영이사이자 새로운 서비스를 주도하는 사람으로서 "우리 고객들은 대부분 투자가 만기가 되거나 해약하는 몇 년 뒤에 실현되는 어떤 '약속'을 구매합니다. 이러한 약속을 이행하기 위한 우리의 헌신은 우리 서비스에서 찾아볼 수 있습니다."

올드 뮤추얼의 서비스 계획은 직원들을 디즈니에 보내 벤치마킹을 해서 빠르게 공통의 목적과 품질 기준의 힘을 습득하는 것도 포함되어 있었다. 6개월 뒤 올드 뮤추얼은 자사의 목적을 채택했다. "스마일SMILE, 서비스, 인생의 경험으로 만들자Service, Make It a Life Experience!" 이와 함께 올드 뮤추얼은 여섯 가지 품질 기준을 채택했다. 이들 여섯 가지 품질 기준, 응답Responsiveness, 효율성 Efficiency, 따뜻함Warmth과 예의Courtesy, 책임Accountability, 신뢰Reliability, 보여주기Demonstrate & Show의 머릿글자를 모으면 REWARD(보상)가 되었다.

2005년 회사의 노력은 보상을 받았다. 고객 설문조사에서 87퍼센트의 고객이 회사의 서비스에 만족하며, 57퍼센트는 서비스에 기분이 좋아진 것으로 나타났다. 이는 업계의 평균보다 10퍼센트 포인트 높은 것이다. 게다가 직원 설문조사에서 업무 만족도는 최고 점수를 기록

했다. 결과적으로 직원 채용, 업무, 직원 잔류율 측면에서 좋은 성적을 거두었다.

약속을 이행하기

우리를 이끌어줄 고객학과 품질 기준을 이용하여, 양질의 서비스 제공을 살펴보기 시작할 시간이다. 디즈니에는, 모든 조직이 그러하겠지만, 세 가지 주요 서비스 전달 시스템이 있다. 이들 시스템은 양질의 서비스가 구현되는 방법론으로, 출연진, 무대, 프로세스 등이다.

출연진은 당연히 여러분의 조직에서 일하는 직원들이다. 세계적인 수준의 서비스로 유명한 조직들에 대해 잠시 생각해 본다면, 서비스를 제공하는 핵심 원천으로 언제나 직원들이 떠오를 것이다. 무대는 여러분의 조직이 보유한 물리적인 자원과 가상적인 자원을 가리키는 디즈니식 표현이다. 무대는 여러분과 여러분의 고객과 만나는 곳이다. 식당에 들어가서 앉기도 전에 식당의 모습이나 냄새 때문에 나가기로 결정한 적이 있었다면, 여러분은 이미 무대가 서비스 제공에 얼마나 중요한지 아는 것이다. 프로세스는 여러분의 제품과 서비스를 고객에게 전달하는 데 쓰이는 다양한 일련의 활동을 나타낸다. 아마도 가장 유명한 품질 전문가일 고 에드워즈 데밍은 제품의 품질을 결정하는 프로세스를 정확히 찾아냈고, 그 프로세스는 출연진이나 무대 만큼 양질의 서비스를 제공하는 데 큰 역할을 한다.

다음 세 장에서는 이러한 세 가지 시스템이 디즈니에서 공통의 목적과 품질 기준을 전달하는 데 어떻게 사용되고 있는지, 다른 조직에서는 어떻게 작동하는지, 여러분의 회사에서는 어떻게 작동할 수 있는지 상세하게 설명할 것이다.

양질의 서비스 신호들

- **게스톨로지스트 전문가가 되어라:** 고객학은 여러분의 고객이 어떤 사람인지 알고, 그들이 내게로 올 때 기대하는 것이 무엇인지 이해하는 일이다. 고객학 기법에는 설문조사, 고객의 소리 창구, 포커스 그룹, 활용 연구, 그리고 가장 중요한 고객들이 직원에게 주는 피드백 등이 있다.

- **손님의 프로파일을 작성하라:** 고객에 관한 지식에는 인구통계(고객층의 물리적인 특징에 관한 정보)와 사이코그래픽스(고객의 태도, 생활양식, 가치관, 여론에 관한 정보)가 있다. 두 가지 모두 서비스의 품질을 높이는 데 유용한 정보를 제공한다.

- **고객학 나침반을 이용해서 고객 정보를 관리하라:** 고객학 나침반은 고객의 필요와 욕구, 선입견, 감정 등을 수집하고 분석한다. 고객학 나침반은 거시적인 수준에서 대량 맞춤 생산을 위해 이러한 정보를 이용할 수 있다. 반면, 직원들은 똑같은 도구를 이용하여 고객과의 상호 교류를 개인화할 수 있다.

- **독특한 공통의 목적을 명료하게 표현하라:** 공통의 목적은 한 조직의 사명을 정의하고, 메시지를 내부적으로 전달하고, 조직의 이미지를 창조하는 것이다. 디즈니의 공통의 목적은 "우리는 나이와 장소를 불문하고 최상의 엔터테인먼트를 제공하여 행복을 창조한다"이다.

- **품질 기준을 정의하라:** 품질 기준은 서비스를 평가하고, 서비스의 우선순위를 정하고, 측정하는 기준이다. 디즈니 공원 및 리조트 서비스의 네 가지 기준은 안전, 예의, 공연, 효율성이다.

- **주요 서비스 전달 시스템을 인지하라:** 전달 시스템은 양질의 서비스를 구현하기 위한 방법이다. 조직에는 세 가지 주요 전달 시스템이 있다. 출연진, 무대, 프로세스 등이다.

출연진의 마법

서점의 비즈니스 서가를 잠시 훑어보기만 해도 무수히 많은 교과서가 열심히 일하는 직원의 힘과 능력, 그리고 조직의 목표를 달성하는 데 필수불가결한 그들의 역할에 대해 말하고 있다. 사실 똑똑하고 의욕이 넘치는 인력에 대한 근본적인 수요는 너무나도 당연하고 진부해서 인력에 대한 믿음이 이와 달랐던 적이 있었으리라고는 상상하기 어렵다. 하지만 1930년대의 직원들은 조직구조에서 차지하는 위치가 오늘날만큼 존중받는 자리가 아니었다.

1914년 직원들의 임금을 거의 두 배에 이르는 일당 5

달러로 올려 전 세계의 자본가를 격분하게 했고, 1922년에 출간된 자서전에서 미국 노동자의 능력에 대해 극찬을 아끼지 않았던 헨리 포드마저도 1930년대가 되자 노동력의 장점에 등을 돌렸다. "보통 사람들은 나가지 못하게 붙잡아 두지 않으면 하루치 일을 하지 않으려고 한다." 이동식 조립라인을 발명했던 포드가 1931년 인터뷰에서 했던 말이다. 그는 강압적인 관리자들과 보안 요원으로 구성된 포드 서비스 부서의 힘을 빌어 이러한 옹졸한 선언을 뒷받침했다. 포드의 서비스 부서는 해리 베넷의 지휘하에 회사의 말을 듣지 않았던 포드의 노동자들을 위협하고 물리적으로 공격했다.

헨리 포드의 직원에 대한 믿음이 기계적인 회색빛이었다면, 월트 디즈니의 비전은 그와는 대조적으로 생기와 에너지가 넘쳤다. 1920년대의 대호황이 1930년대에 이르러 침체기로 접어들 때, 월트 디즈니의 첫 컬러 만화영화가 상업적인 성공과 함께 비평적으로도 성공을 거두었고, 여기에 최초의 장편 애니메이션 영화에 대한 월트 디즈니의 꿈이 더해져 캘리포니아 버뱅크에 있는 디즈니의 하이페리언 애비뉴 스튜디오는 크게 성장했다. 월트는 스튜디오가 계속해서 번성하려면 반드시 우수한 인력이 필요하다고 생각했다. 그래서 그는 6명의 직원을 750명 이상으로 늘리는 야심찬 확장 계획을 구상하기 시작했다. 그리고 교육 및 개발에 대해서 진지하게 생각하기 시작했다.

내가 만일 1931년에 차가 없는 디즈니의 젊은 애니메이터였다면, 월트가 직접 운전하는 차를 타고 동료들과 함께 로스엔젤리스의 쉬나르 미술학교에서 회사 돈으로 교육을 받았을 것이다. 1932년 교육에 참가하는 사람이 늘어나자 월트는 운전 대신 쉬나르 미술학교의 돈 그레이엄을 고용하여 스튜디오에서 가르치게 했다. "학교는 이제 그만둬야겠어. 직접 학교를 하나 차렸거든." 월트가 경쟁사와 자신의 회사를 비교하며 익살스럽게 말했다. 그리하여, 1932년 11월 15일 디즈니 미술학교의 첫 수업이 25명의 학생들과 함께 시작됐다. 수강생의 수는 특히 인체 소묘 시간에 돈 그레이엄이 고용한 누드 모델에 대한 소문이 퍼지면서 빠르게 늘어갔다.

1934년까지 사내 학교는 전일제로 운영됐다. 새로 입사한 애니메이터들은 지역 동물원에서 진행되는 수업에서 소묘 교육을 받았고, 스튜디오에서 열린 수업에서는 제작기법을 배웠다. 1935년초 월트는 훌륭한 애니메이터의 특징을 분석해서 돈에게 "젊은 애니메이터를 위한 아주 체계적인 교육 과정과… 나이 든 애니메이터를 위한 접근법"을 개발할 때 지침으로 삼게 했다. 얼마 지나지 않아 외부의 강사들을 데려왔다. 디즈니의 애니메이터들은 건축가 프랭크 로이드 라이트, 극작 비평가 알렉산더 울콧 등 유명 강사의 강의를 들었다.

그와 동시에 첫 번째 교육 프로그램이 확립됐고, 월트는 기업 문화의 주요 요소를 공식화했다. 고된 업무와 창의력은 보너스를 지급해서 보상했다. 성 대신 이름을 부르고 일상복 차림을 허용하여 개방된 분위기를 조성했다. 때로 업무가 끝난 뒤 월트의 집에서 열리기도 했던 자유로운 이야기 시간은, 처음 생각한 사람이 누구이든 최선의 아이디어를 채택하는 시스템을 기반으로 민주적인 요소를 더했다.

교육과 개발에 쏟은 디즈니의 노력에 대한 첫 번째 큰 보상은 1937년 12월 21일 할리우드에서 열린 《백설 공주와 일곱 난장이》의 시사회에서 업계의 엘리트들로부터 기립 박수를 받은 것이었다. 200만 장의 그림으로 구성된 상영시간 83분의 이 장편 영화는 비평적으로도 호평을 받았고 뉴욕 라디오 시티 뮤직홀의 관객기록을 갱신했으며, 보통 크기의 오스카 트로피와 함께 특별히 제작된 일곱 개의 작은 오스카 트로피가 추가된 오스카상을 수상했다. 6개월 이내에 영화를 통해 올린 수익으로 디즈니는 은행대출을 모두 갚았고, 개봉관에서만 800만 달러를 벌어들였다. 이것은 "경이적인 수치"였다고 디즈니의 전기 작가였던 밥 토머스는 썼다. "1938년 미국의 극장 입장료가 평균 25센트였고, 대부분의 관객이 입장료 10센트인 어린이들이었다는 점을 감안한다면 말이다."

월트는 1950년대 중반 디즈니랜드에서도 인력의 교육과 개발에 비슷한 투자를 했다. 1955년 월트는 최초의 기업 내 대학인 디즈니 대학을 설립하여, 독특하고 새로운 디즈니 파크에서 그가 꿈꾸던 서비스를 신입 출연진이 반드시 이해할 수 있게 했다. 그리고 월트가 사망한 지 5년 뒤인 1971년 플로리다에 월트 디즈니 월드가 개장할 때, 디즈니 대학의 새 분교가 함께 설립되었다. 그때까지 월트의 인력에 대한 투자에 관해서는 아무런 논쟁이 없었다. 월트가 "우리는 세상에서 가장 멋진 곳을 꿈꾸고, 만들고, 설계하고, 지을 수 있습니다… 하지만 그러기 위해서는 그 꿈을 현실로 바꿔줄 사람이 있어야 합니다"라고 말했을 때, 모두 그의 결정이 틀리지 않았다는 사실을 깨달았다.

> 우리가 이룬 성과는 모두 힘을 합쳐 노력한 결과이다. 반드시 조직과 함께 해야 한다. 아니면 그 일을 완수할 수 없을 것이다…
>
> — 월트 디즈니

그러므로 양질의 서비스 나침반에서 출연진은 공통의 목적과 품질 기준을 위한 가장 중요한 전달 시스템이다. 예를 들어, 디즈니 파크 및 리조트에서는 "최전선이 가장 중요하다." 이 말이 사실이라는 것은 디즈니 파크를 찾는 손님들이 출연진과 만나게 되는 횟수가 일 년에 25억 번이 넘는다는 것을 고려한다면 분명해진다.

"놀랄 수도 있지만, 우리가 수행한 연구에서 사람들은 만족감과 재방문하고 싶은 마음이 드는 이유 중 가장 큰 요인으로 출연진과의 교감을 꼽는다." 2010년 1월 월트 디즈니 파크 및 리조트 회장에 취임한 탐 스탁스가 2011년 초 수익결산보고에서 했던 말이다. "제가 지난 1년 동안 깨달은 것은 고객 경험에 대한 우리 출연진의 헌신이 회사 전반에 영향을 미친다는 것이었습니다. 테마파크와 놀이기구, 리조트 등을 설계하는 것을 비롯해서 엔터테인먼트 공연, 심지어는 우리가 제공하는 음식까지 두루 영향을 미치고 있었습니다. 우리는 모든 고객과 교류하여 고객을 놀라게 하고 싶습니다."

첫인상을 캐스팅하기

앞서 말한 적이 있지만 반복할 가치가 있는 말이다. '첫인상을 남길 두 번째 기회는 없다.' 디즈니의 모든 출연진은 첫인상의 중요성을 알고 있다. 그들은 몇 초 안에 손님에게 첫인상이 생기고, 긍정적인 첫인상이 얼마나 중요한지 이해한다. 첫인상은 강력해서 영원히 지워지지 않는다. 하지만 고객들만 변치 않을 것 같은 첫인상을 받는 것은 아니다. 직원들도 마찬가지이다.

디즈니에 대한 신입 출연진의 첫인상을 알아보기 전에, 신입 출연진이 첫 출근할 때 가장 많이 경험하는 것에 대해 잠시 생각해보자. 여러분이 출근 첫 날 처음으로 했던 일은 무엇이었나? 아마도 오리엔테이션이었을 것이다. 오리엔테이션은 가장 흔한 유형의 교육이다.

한 가지 질문이 더 있다. 대부분의 신입 사원이 출근 첫 날 받는 첫인상은 무엇일까? 오리엔테이션 프로그램에 참가하지 않는 극소수의 사람들은 아마 그들의 고용주가 통제할 수 없는 여러 가지가 뒤섞인 인상을 받았을 것이다. 그들은 일을 하러 와서 일을 할 뿐이다. 오리엔테이션을 받은 신입 사원들은 대부분 기계적인 대접을 받는다. 그들의 머릿속에는 일반적으로 공식적인 환영의 말, 조직의 사명과 가치에 대한 내용, 복지와 정책에 관한 설명, 서류작업 절차, 윤리 규정과 이를 어겼을 때 따르는 처벌에 관한 정보가 담겨질 것이다. 몇 시간이 지나면, 그들은 새로운 일을 하기 위해 각자의 자리로 향할 것이고, 그들의 고용주는 세계적인 수준의 서비스를 제공할 수 있는 인력을 만들어낼 황금 같은 기회를 놓치게 된다.

디즈니는 매년 수천 명을 고용한다. 예를 들어, 월트 디즈니 월드에 있는 캐스팅 센터에서는 대개 하루에 150건에서 200건의 원서가 처리되며, 무려 100여 곳의 일자리가 날마다 채워진다. 1989년 이전에는 임시 사무실과 트레일러에서 채용이 이루어졌다. 하지만 1989년 오늘날의 센터가 문을 열게 되자, 미래의 출연진과 신입 출연진에게 기억에 남을 만한 첫인상을 남길 수 있게 되었다.

월트 디즈니 월드 캐스팅 센터는 저명한 건축가 로버트 A. M. 스턴Robert A. M. Stern이 설계했는데, 그는 완성된 건물이 신입 사원에게 감동을 줄 힘이 있다는 것을 이해했다. 신입 출연자에게 캐스팅 센터는 "기업의 총체적 정체성을 경험할 수 있는 유일한 시간일지도 모른다. 그것은 상징적으로 매우 중요하다"고 스턴은 설명했다. 그러한 이유로 그는 회사의 입구를 우아하면서도 장난스럽게 만들었다. 건축비평가 베스 던롭은 이를 "마치 그림책이나 만화영화의 한 장면이 툭 튀어나온 것처럼 비현실적이고 환상적이다"라고 묘사했다.

인상을 남기는 것은 설계에서 필수적인 부분이다. 앞길이 창창한 출연진이 건물 안으로 들어서면 디즈니의《이상한 나라의 앨리스Alice in Wonderland》에 나오는 말하는 손잡이와 같은 모양의 손잡이를 만지게 된다. 안내 데스크는 2층 건물 뒤쪽에 있다. 그곳을 향해 토끼굴을 따라가다보면 기업의 상징인 끊임없이 모양과 시점이 바뀌는 복도와 원형 홀을 지나게 된다. 영광의 만화 주인공들이 기둥 위에 보이고, 디즈니 만화영화의 장면들이 벽과 천

장에 그려져 있다. 그리고 대기실은 자유롭게 앉을 수 있는 좌석으로 둘러싸인 신데렐라 성의 모습을 하고 있다. "밥(로버트 스턴)은 단호했습니다. 1층으로 들어간 다음, 2층 반대쪽 끝까지 가야지 처음으로 일자리를 문의할 수 있는 데스크가 나와야 한다고 했지요." 디즈니의 프로젝트 임원 팀 존슨Tim Johnson은 설명했다. "그는 말했지요. '돌아다니게 하는 겁니다. 데스크까지 가는 동안 디즈니가 어떤 곳인지 감을 잡을 수 있게 말입니다.'"

디즈니의 캐스팅 센터가 미래의 출연진이 디즈니에 대한 첫인상을 받을 수 있는 유일한 장소는 아니다. 많은 기업들처럼, 디즈니는 최근 몇 년 동안 채용 절차의 일부를 인터넷으로 이전해왔다. 그리고 채용 박람회나 채용 프로그램을 비롯한 다른 방법을 이용하여 인력을 충원하고 있다. 하지만 어떤 방법을 사용하든 우리는 늘 우리의 브랜드와 문화를 통해 좋은 첫인상을 남기고, 잠재적인 출연진이 우리가 기대하는 것이 무엇인지 이해했는지 최대한 빠르게 확인한다.

이제 여러분이 직접 오로지 월트 디즈니 월드의 채용 절차만을 위해서 만들어진 멋지고 환상적인 건물을 걷고 있다고 상상해보자. 디즈니가 설계와 소재에 그처럼 많은 노력을 기울였다는 사실이 우리가 얼마나 직원을 소중하게 여기는지에 대해 어떤 메시지를 말하는 것일까? 그러한 기업은 직원들이 어떻게 행동하길 기대하는 것일까? 이제 자신에게 물어보자. 여러분 회사의 채용 환경과 경험은 지원자와 신입 사원에게 어떤 메시지를 전달하고 있을까?

서비스를 전달하기 위한 준비

여러분은 월트 디즈니 월드가 유달리 예의 바르고 친절한 직원을 선발하기 위해 추가 비용을 부담하거나, 아니면 디즈니의 출연진은 이매지니어들이 개발한 비법을 이용하여 제작된 오디오-애니메트로닉(로봇을 이용한 애니메이션 제작 기법) 인물이라고 생각할지도 모른다. 사실 우리 출연진은 다른 모든 기업과 동일한 노동시장에서 채용되며, 통상적인 임금을 받고 있다. 우리가 디즈니의 문화를 모델링하고 채용 조건을 공유하는 데 성공한다면, 우리는 적절한 자리에 만족스러운 서비스를 제공할 수 있는 사람을 채용할 수 있을 것이다. 그다지 비밀이라고 할 수 없는 우리가 친절한 서비스를 제공하는 방법은 우선 친절한 사람을 채용하는 것이다. 그리고 친절한 사람을 디즈니 출연진으로 바꾸는, 그다지 비밀이라고 할 수 없는 방법은 우리의 교육에서 찾아볼 수 있다.

어떤 역할에 대한 오디션(역시 면접시험에 대한 디즈니식 표현이다)을 통과한 다음 신입 출연자가 가장 먼저 하는 일은 디즈니식 양질의 서비스를 제공하는 방법을 습득하는 것이다. 전 세계에 있는 우리의 파크 및 리조트는 다중계층적 접근법을 이용하여 직원이 서비스 전달을 준비하게 한다.

- 첫 번째 단계는 전반적인 오리엔테이션으로, 디즈니 대학에서 수행되며, 조직 전반에 있는 모든 출연진이 알아야 할 개념과 행동을 가르친다.

- 두 번째 단계는 업종별 교육으로, 출연자가 일하는 업무에 따라 필요한 것을 가르친다. 예를 들어, 식품 서비스 분야의 신입 출연진은 모두 식품 안전 절차를 배운다.

- 세 번째 단계는 지역별 오리엔테이션으로, 리조트의 다양한 사업 단위에서 일하는 데 필요한 지역 특유의 정보 등을 포함한다.

- 네 번째 단계는 실습 교육으로 신입 출연진의 담당 업무가 정해진 다음 수행한다.

모든 신입 출연진은 내부 교육 부서인 디즈니 대학에서 가르치는 트래디션Tradition이라는 1일 오리엔테이션 프로그램으로 업무를 시작한다. 예를 들어, 월트 디즈니 월드에서 평균적인 학급의 크기는 45명인데, 주당 평균 9가지 수업이 열리고 가장 많이 채용되는 시기에는 무려 14가지의 수업이 진행된다. 트래디션은 교육 조력가 역할을 맡고 있는 기존의 출연자가 강의한다. 매년 트래디션 조교에 대한 자원봉사를 모집하는데, 모두들 영광스런 일로 여긴다. 선택된 출연진은 정규 업무에서 잠시 떨어져 교육을 도와준다. (트래디션 조교에 의해 얻는 추가적인 지식의 깊이와 복습은 경험 많은 직원을 교육에 참여하게 했을 때 얻을 수 있는 부가적인 교육 혜택이다.)

트래디션의 목표는 디즈니 인스티튜트의 한 베테랑 조력가가 한 말에 잘 설명되어 있다. "우리는 디즈니에 사람을 맞추지 않는다. 우리는 사람들에게 디즈니를 맞춘다." 그러한 목표를 이루기 위해 프로그램에서는 강의, 스토리텔링, 비디오, 훈련, 대규모 및 소규모 집단토론, 현장경험 등 다양한 교육 기법을 활용한다. 트래디션은 네 가지 주요 목표를 성취하도록 디자인 된 것이다.

- 신입 출연진을 문화의 토대에 적응시키기
- 디즈니 파크 및 리조트의 언어와 상징, 유산과 전통, 품질 기준, 가치, 특성과 행동을 보존하기.
- 디즈니에서 일하는 것에 대해 신바람을 느끼게 하기
- 신입 출연진에게 핵심 안전 규정을 소개하기

우리는 이미 공통의 목적과 품질기준을 처음으로 전해주는 트래디션의 역할을 간단하게 언급한 바 있지만, 트래디션이 하는 일은 그 이상이다. 트래디션은 리조트와 파크에서 어떻게 공통의 목적과 품질기준을 실현할 것인지 설명한다. 따라서 트래디션은 디즈니 연예계 입문 과정 역할을 한다.

예를 들어, 트래디션은 출연진이 손님들 앞에서 엔터테인먼트 활동을 할 때, 설정과 스토리를 반영하는 "세월이 흘러도 변치 않는" 외모를 유지해야 하는 이유를 설명한다. 디즈니 테마파크는 출연진의 외모에 대한 엄격한 지침 때문에 칭찬과 비판을 자주 받아왔다. 일각에서는 이 문제를 정치 이슈화하려고 애썼지만, 두발과 장신구, 화장 등에 관한 정책은 확고한 비즈니스적인 이유로 인해 그대로 유지되어왔다. 그러한 정책들은 공연의 품질 기준과 직접적이고 분명한 관련이 있으며, 디테일에 관심을 쏟고 고객의 기대를 파악한다는 기본적인 양질의 서비스 원칙을 이행하기 위해 고안된 것이다.

물론 이러한 정책이 합법적이고 공정하게 직원들에게 적용되려면 일관성 있는 해석과 적용이 필요하다. 디즈니의 출연진은 채용 절차 전반에 걸쳐 외모에 대한 지침에 대해 설명을 들을 뿐 아니라 원서를 작성하기 전에도 고지를 받는다. 그리고 누구라도 예외 없이 외모의 기준을 준수하지 않으면 트래디션 교육에 참가하지 못하며, 따라서 업무를 시작할 수도 없다. 이러한 디테일에 대한 집중과 관심 때문에, 외모 정책의 변화는 가볍게 수행될 수 없다.

특히, 일단 정책이 완화된 후에는 직원이나 법률체계 모두 이전의 더 엄격한 정책으로 되돌아가는 것을 지지하지 않기 때문이다. 예를 들어, 2000년 디즈니 공원은 남성이 수염을 기를 수 있도록 지침을 수정했고, 2010년에는 여성이 치마를 입을 때 팬티스타킹을 의무적으로 입지 않아도 된다고 허용했다. 하지만 이러한 변화는 출연진과 고객을 대상으로 한 수많은 포커스 그룹에서 그러한 변화가 "디즈니다운 모습"을 손상시키지 않는다고 판단한 후에야 이루어졌다.

트래디션은 또한 엔터테인먼트를 통해 행복을 전하는 공통의 목적을 출연진이 말하는 언어로 확장한다. 여러분은 이미 월트 디즈니 월드에서 사용되는 공연에 기초한 표현에 익숙해졌다. 트래디션은 출연진이 그 언어를 배우는 곳이다.

디즈니식 표현
어트랙션: 놀이기구, 공연
출연진: 직원
관객: 손님, 고객
무대: 손님 영역
무대 바깥/무대 뒤: 무대 뒤
의상: 유니폼
오디션: 면접
배역: 업무
호스트/호스티스: 접객직원

언뜻 보았을 때, 디즈니식 표현이 부자연스럽거나 비논리적으로 보일 수도 있다. 하지만 단어는 이미지와 그에 해당하는 가정을 사람들의 마음에 형성한다. 관객이라는 단어를 보자. 불편한 관객과 불편한 소비자는 매우 다른 두 가지 이미지를 고객의 마음에 형성한다. 관객은 접대해야 할 반가운 방문객이지만, 소비자는 통계용어이다. 누군가가 여러분의 관객이라면, 그를 행복하게 해줘야 한다는 의무감이 더 크게 느껴지지 않는가? 연기performance를 한다는 말 역시 단일한 이미지를 형성한다. 공연에서 연기를 하고 있다면, 식당에서 분주하게 서빙을 할 때보다 더 높은 수준의 일을 하는 것일까? 우리가 일에 대해 말하는 방식이 차이를 만든다.

신입 사원의 마음에 조직과 조직의 문화에 대해 정확하게 묘사를 하는 오리엔테이션의 힘을 과소평가해서는 안 된다. 여러분이 생각하는 비즈니스의 역사와 사명, 가치 등이 여러분에게는 어린 시절 가장 좋아했던 이야기처럼 친숙할 수도 있지만, 신입 사원들은 한 번도 들어보지 못했거나 제대로 된 이야기가 아니었을 가능성이 크다.

세인트루이스에 기반을 둔 디어버그Dierberg는 23곳의 슈퍼마켓으로 구성된 체인점으로 5000명 이상의 직원이 일하고 있다. 이 회사는 신입 사원 오리엔테이션 과정을 개선하기로 하고, 먼저 디즈니가 과거의 유산과 문화를 어떻게 전달하는지 조사했다. "우리는 전통적인 규칙 및 규정에 따라 일을 하고 있었습니다." 당시 디어버그의 인사 담당 임원이었고 현재 피플 스트래티지 컨설팅 회사의 대표인 프레드 마텔이 회상했다. "어떤 일을 해야 하고, 어떤 일은 해서는 안 되는지, 그리고 어떤 일을 하면 해고되는지 말해주었죠. 하지만 사람들에게 동기부여를 해주진 못했어요. 사람들의 머리가 아니라 마음에 와닿게 말해야 했습니다."

이러한 목적을 달성하기 위해 디어버그는 157년의 역사와 4대에 걸친 가족 경영, 그리고 양질의 서비스에 관한 기업의 유산과 문화를 강조하는 새로운 프로그램을 만들었다. 오리엔테이션은 회사의 역사에 관한 그림과 고객 서비스에 관한 이야기 등이 포함되어 있었다. 회사의 정책을 소개하는 시간은 규정집을 나눠주는 것으로 대신했다. 수업이 끝난 뒤 읽은 다음, 규칙을 지키겠다는 서명과 함께 반납해달라고 요청했다.

노스캐롤라이나에 기반을 둔 몬트리트 대학은, 관리자들이 500여 곳 이상의 전미 사립 인문 대학으로 구성된 협회인 워싱턴 D.C. 독립 대학 위원회의 공동 협찬을 받는 프로그램에 참여하기 위해 디즈니 인스티튜트를 방문한 뒤 첫 오리엔테이션 프로그램을 기획했다. 몬트리트 대학은 서부 노스캐롤라이나 산악 지역에 설립된 비영리 기관으로 장로교에서 운영하며, 분교 세 곳을 포함해 학생 1,500여 명이 재학 중이다. 1916년에 설립된 본교의 대다수 건물은 그 지역에서 채취한 석재와 목재를 이용해서 건축되었고, 학교의 로고인 중심에 이맛돌이 있는 일곱 개의 돌로 구성된 아치는 건축으로 유명한 대학의 특징을 나타내고 있다.

그 로고는 '키스톤keystone(이맛돌)'이라는 적절한 이름이 붙은 몬트리트 대학 최초의 오리엔테이션에 대한 영감을 주었다. 학교의 로고와 마찬가지로 새로운 반일半日 교육프로그램은 역사, 전통, 가치, 교육 경험, 교수진, 학사생활, 예의, 효율성 등 7개 부분으로 구성됐다. 교육 기간 동안 신입 사원들은 6개 팀으로 조직되었고, 대학의 최종 목표를 상징하는 졸업하는 학생의 그림을 나타내는 여섯 조각의 직소 퍼즐이 주어졌다. 신입 사원들은 각자 퍼즐의 한 조각을 간직한 채, 6개월 마다 다시 모여 7개 부분 가운데 한 주제에 대한 2시간짜리 교육을 받았다.

몬트리트 분교에 교육 담당자를 보내는 대신 분교의 직원들이 본교에 와서 교육에 참가했다. "우리의 유산을 이해하지 못하는 사람들이 많았어요." 당시 관리 및 재무 지원 부서장이었던 리사 랭크포드가 설명했다. "그들은 자신의 업무가 몬트리트 전체 교육 사업의 중요한 부분이라는 사실을 이해하지 못했어요. 이제 그들은 이해하기 시작했습니다."

따라서 디어버그 패밀리 마켓의 신입 사원이 마트에서 일을 하거나, 월트 디즈니 월드의 신입 출연자가 무대 위에 오르거나, 몬트리트 대학의 신임 교수가 첫 강의를 할 때 그들은 모두 공동체 의식을 느끼게 된다. 오리엔테이션의 다음 목표는 그러한 모습을 구체적인 행동으로 연결하는 것이다.

양질의 서비스의 행동

지난 수십 년에 걸쳐 디즈니의 공원 및 리조트들이 네 가지 품질기준을 정의하고 개선해오면서 트래디션 프로그램 또한 더 많은 시간을 출연진에게 그러한 품질기준을 달성하는 방법을 가르치는 데 쏟았다. 수업시간에는 모든 기준을 소개하지만 특히 기업 전반에 보편적으로 적용할 수 있는 기준을 집중적으로 다룬다. 즉, 핵심적인 안전 절차와 예의의 기본적인 요소 등이 여기에 해당된다.

이러한 보편적인 절차와 행동은 "굿쇼Good Show/배드쇼Bad Show"라고 하는, 손님의 경험을 판단하는 간단한 역할 훈련을 이용하여 교육했다. '굿쇼'는 손님이 긍정적인 경험을 하도록 이끌어주는 것이고, '배드쇼'는 말하지 않아도 알 것이다. '굿쇼'와 '배드쇼'라는 표현은 리조트 전체에 퍼지게 되었다. 따라서 어떤 출연자가 적절한 행동을 하면 관리자가 엄지를 치켜들며 쾌활한 목소리로 "굿쇼!"라는 칭찬을 할 것이다. 반대로 누군가 서비스 기회를 놓치게 된다면 '배드쇼'를 개선하기 위해서 어떻게 해야 하는가에 대한 질문을 받게 될 것이다.

 양질의 서비스에서 가장 우선순위가 높은 것이 안전이기에 신입 출연자들은 먼저 사고가 일어났을 때 정확히 어떻게 대처해야 하는지에 대해 배운다. 그런 다음 대피 경로부터 소화기 사용법, 응급 처치 기법까지 다양한 사고 예방 절차를 학습한다. 심지어 몸짓을 이용하여 안전하게 의사를 전달하는 방법에 대해서까지 토론을 한다. 우리는 사람들이 도구나 골프채 등의 도구를 손에 쥐고 방향을 가리키는 법을 모른다고 생각하지 않는다.

 디즈니 대학 역시 예의를 규정하고 예의가 어떻게 긍정적인 고객 경험에 기여하는지 탐구하는 데 많은 시간을 들였다. 이러한 노력의 결과가 "행동요령 performance tips"이라는 행동의 목록으로 남겨졌고, 모든 출연자가 이를 트래디션 프로그램에서 학습하고 있다.

 '행동요령'은 출연자가 예의 바르게 행동하고 모든 고객의 개성을 존중하도록 하는 일반적인 행동을 모아 놓

디즈니의 고객 서비스 지침

눈을 맞추고 웃으세요!
- 손님을 접대하고 손님과 의사소통을 시작하고 마칠 때는 언제나 직접 눈을 마주치고 진심어린 미소를 짓는다.

모든 고객을 반갑게 맞이한다
- 마주치는 모든 고객에게 어울리는 인사를 전한다.
  "안녕하세요!" / "환영합니다!"
  "즐거운 하루 보내세요!" / "도와드릴까요?"
- 구역마다 차별화된 인사말을 해서 고객이 환영받는 기분이 들게 한다.

고객의 연락처를 찾아낸다
- 도움이나 지원이 필요한 고객을 찾아내는 것은 모든 출연진의 책임이다.
  고객의 요구에 귀를 기울인다 / 질문에 답한다
  도와준다(이를테면, 가족사진 찍어주기)

즉시 서비스를 복구한다
- 최상의 능력을 발휘하여 고객 서비스가 문제를 일으키기 전에 고객 서비스 실패를 해결하려고 시도하는 것은 모든 출연진의 책임이다.
- 언제나 고객에 대한 답을 찾거나 고객을 도울 수 있는 다른 출연자를 찾는다.

언제나 적절한 보디랭귀지를 보여준다
- 고객 앞에서는 이해하기 쉽게 보디랭귀지를 보여주는 것은 모든 출연진의 책임이다.
  남을 배려하는 외모 / 좋은 자세 / 어울리는 표정

"마법의" 고객 경험을 간직한다
- 규칙과 규정보다는 긍정적인 것에 집중한다.
- 고객 앞에서 개인적인 문제나 업무와 관련된 문제를 말하는 것은 적절하지 않다.

모든 고객에게 감사한다
- 고객과의 일을 마무리할 때에는 모든 고객에게 진심에서 나오는 감사의 인사를 전한다.
- 고객이 내 영역을 떠날 때는 모든 고객에게 감사 혹은 그와 비슷한 표현을 전한다.

은 것이다. 교육 시간에는 좋은 첫인상을 남기는 방법이나 따뜻하게 환영하는 방법 같은 주제를 다룬다. 행동요령은 고객 경험에 대한 자세나 몸짓, 표정의 효과 등을 탐구한다. 그리고 말투와 유머 등이 어떻게 서비스 전달에 도움을 주는지(혹은 악영향을 미치는지) 설명한다.

"행동요령"이라는 표현이 누군가를 다치게 할 것처럼 보이지는 않지만, 이러한 요령이 중대한 영향을 미칠 수 있다. 예를 들어, 홍콩 디즈니랜드와 디즈니랜드 파리에서는 "행동요령"이 "고객 서비스를 위한 지침"이라는 일단의 행동으로 번역된다. 지침들은 7개의 문장으로 요약되어 다양한 목적에 사용된다. 첫째, 지침들은 고객의 관점에서 행동을 정의한다. 고객과의 교류를 위한 공통의 기준을 설정하고, 디즈니식 예의를 지속시키는 행동의 요소를 보여준다. 둘째, 지침들은 직원의 책임을 공지한다. 서비스에 대한 회사의 기대감을 신입 출연자에게 명확히 알려주어 책임에 대한 근거를 제공한다. 행동 지침을 완수하는 것은 일종의 기대감이다. 지침을 따르지 않는 출연자는 점진적인 징계 처분의 대상이다.

고객 서비스 지침은 또 하나의 중요한 목적에 도움을 준다. 고객에게 서비스를 개인화하는 방법을 소개해준다. 고객을 웃으며 반겨주고 감사하는 행동은 괜찮은 것이지만, 그런 행동이 반복적 암기나 기계적인 행동에 국한된다면, 효과는 매우 제한적일 것이다. 그 지침들은 최소한의 기대와 개별 고객을 위한 개인화된 서비스를 제공하기 위한 하나의 지침으로 볼 때 더 적절해 보인다.

디즈니의 출연진이 고객이 처한 고유한 상황에 따라 어떻게 서비스를 조정하는지에 대한 이야기는 많이 있다. 예를 들어, 방으로 돌아가는 길에 미키마우스에게 개인적인 위문 카드를 받은 아이와 부부가 있다. 그런 수준의 서비스를 제공하기 위한 시작점을 제공한 것은 고객 서비스 지침이다. 출연진은 개별 고객을 위한 고유한 서비스를 제공하는 순간을 만들기 위해 지침을 사용한다. 일곱 개의 짧은 문장에 대한 대가치고는 나쁘지 않다.

때로 한 기업의 구조가 공통의 목적과 기준에 도움이 되는 행동을 알리는 데 큰 난관이 될 수도 있다. 예를 들어, 1990년대말 네덜란드 하우다에 본사가 있고, 주로 네덜란드와 스페인, 독일에 위치한 650여 곳의 사무실에 5,100여 명이 넘는 직원이 근무하는 임시직 채용 대행사 스타트 홀딩Start Holding는 궁극적으로 해외 및 국내 운용으로 이어질 서비스 품질 계획을 리더십 계획에 포함시켜 그 중요성을 강조했다. 리더십 계획을 시작하기 위해 스타트 홀딩은 리더십 팀과 임원진, 지역 관리자 4팀을 디즈니 인스티튜트에 보냈고, 지부에서 근무하는 500명 이상의 관리자를 디즈니랜드 파리에서 열린 협회 프로그램을 참여하게 했다.

스타트 홀딩은 공통의 목적("우리는 경력을 창조한다")과 접근성, 신뢰성, 서비스 제공, 효율성 등 네 가지 품질 기준을 채택했다. 하지만 스타트 홀딩은 광범위한 네트워크를 이루고 있는 지사의 직원들에게 양질의 서비스를 전달하는 데 도움이 되는 행위를 개발하고 알려야 할 필요성이 있었다. 스타트 홀딩의 해결책은 서비스 박스 Service Box라는 시스템을 개발하는 것이었다.

서비스 박스에는 일련의 교육과정과 두 달마다 리더들에게 지급되는 동기유발 관련 비디오테이프 등이 포함됐다. 비디오테이프에서는 스타트 홀딩의 네 가지 품질기준을 다른 관점에서 설명하고 고민하는 내용이 담겨 있었다. 모든 사무실은 비디오테이프가 도착하는 시기에 맞춰 직원 교육회의 일정을 잡았다. 흥미로운 점은, 영상의 길이가 15분 이하로 비교적 짧았고, 심화 학습을 시작하는 데 도움이 되는 역할만 하도록 디자인되었다는 것이다. 나머지 교육 시간은 영상에 나온 내용을 일상적인 업무에 활용하기 위한 아이디어를 브레인스토밍을 하는 데 바쳐졌다.

직원과 운영 부문에서 나온 아이디어는 스타트 홀딩에서 서비스 플랫폼이라고 부르는 것(개별 사무실의 해결책을 전사적으로 공유하여 직원들의 창의적인 노력을 활용할 수 있도록 디자인된 통신 도구)을 통해 모두 수집하여 공지됐다.

생각은 전체적으로, 업무는 지역적으로

디즈니 리조트에서 휴가를 보낸 사람이라면 디즈니 리조트가 다양하고 실감나는 인터랙티브 영화들을 동시에 상영하는 거대한 멀티플렉스 극장과 매우 비슷하다는 사실을 이해할 것이다. 그 영화들은 모두 즐거움을 준다. 그 영화들 역시 모두 공통의 제작 가치관과 연관되어 있다. 하지만 모든 영화는 서로 다른 이야기를 하고, 서로 다른 주제를 활용하고 있다. 월트 디즈니 리조트 안에 있는 컨템포러리 리조트에는 브로드워크 리조트와는 근본적으로 다른 이야기와 주제가 있다. 엡코트 퓨처 월드Epcot's Future World는 디즈니 할리우드 스튜디오에서 다시 제작되면서 1940년대 할리우드와는 다른 이야기를 하고 있다. 이 외에도 여러 가지 사례가 있다.

오리엔테이션 프로그램과 서비스 지침 등으로 구성되는 출연진 교육의 첫 단계에서는 모든 출연진을 공통의 목적과 언어, 행동 등으로 하나가 되게 하고, 양질의 서비스의 의미에 대한 대체적인 개요를 제공한다. 이 단계에서는 하나의 디즈니 파크라고 할 수 있는 멀티플렉스 극장을 건설한다. 하지만 서로 다른 영화를 상영하는 극장을 관리하려면, 공통의 목적과 품질기준을 지역 수준에 맞춰야 한다. 이는 업무 문화의 창출과 소통에 의해 이루어진다.

업무 문화는 특정 장소에 따라 달라지는 행동, 특징, 용어, 가치관 등의 집합으로 특정 공연에서 출연진의 역할을 지시하고 개선한다. 업무 문화는 디즈니 리조트 및 파크의 관리자들과 출연진에 의해 개발되고 성장한다. 모든 업무 문화는 고유한 사명과 비전, 가치관으로 구성된다(당연한 말이지만, 이들은 전체 비즈니스의 더 큰 목적과 품질기준에 따라 조정된다).

조직 전체의 문화가 존재하는 데 지역적인 문화를 만드는 것이 시간 낭비처럼 보일지 모르겠지만, 여기에는 아주 합당한 이유가 있다. 이미 언급했던 것처럼, 조직의 크기가 커지고 다양해질수록, 모든 사람이 이해할 수 있는 단일하고 일관적인 문화를 만드는 것이 어려워진다. 강력한 지역 문화는 직원들의 일상적인 책임감에 대해 더 직접적으로 말해주고, 사업 단위에 대한 주인의식과 소속감을 강화시킨다. 행동요령과 마찬가지로, 지역의 업무 문화 또한 지역의 출연진이 공유해야 할 행동에 대해 매우 상세해질 수 있다. 그리고 양질의 서비스 전달을 위해 아마도 가장 중요한 것은, 지역 문화가 그 지역의 이야기와 주제를 직접적으로 활용하여 지역적 성과를 확립하고 강화한다는 것이다. 그 결과는 고객에게 더 오랫동안 기억에 남을 경험이 될 것이다.

월트 디즈니 월드에서 주목할 만한 대표적인 업무 문화는 폴리네시안 리조트에서 찾아볼 수 있다. 폴리네시안 리조트는 월트가 꿈꾸었던 새로운 플로리다의 파크에 포함되어 있었으며, 1971년 개장한 시설 최초의 호텔 중 하나이다. 가장 최근에 보수한 것은 2006년이며, 매직킹덤 인근의 입지가 좋은 곳에 847개의 객실을 갖추었다. 남태평양을 테마로 한 폴리네시안의 편안한 스타일은 특히 결혼식이나 신혼여행 고객들에게 인기를 끌고 있다.

디즈니 폴리네시안 리조트의 가치관

알로하 우리는 아무런 조건 없이 동료와 고객을 사랑한다.
예) 나는 동료 교육생과 출연진을, 일을 떠나 한 개인으로서 관심을 기울일 것이다. 내가 만나는 모든 고객과 출연진을 따뜻하고 진지하게 인사하고 맞이할 것이다.

균형 우리는 사생활과 일에서 안정과 활력을 얻으려고 노력한다.
예) 나는 하루를 계획하여 일과를 모두 마치고 계획한 것을 모두 지킬 것이다. 일찍 일을 마치면 도움이 필요한 사람을 도와줄 것이다.

용기 우리는 힘과 인내로 믿음을 추구한다.
예) 나는 고객의 불만이나 문제를 해결할 것이다. 정직하고 주의 깊은 피드백과 조언을 줄 것이고 나 자신이 받아들일 것이다.

다양성 우리는 동료 출연진과의 차이를 찾고, 소중히 여기고, 존중한다.
예) 나는 동료 출연진과 고객의 다양성을 존중하고 배울 것이다. 모국어만 할 줄 아는 출연자를 위해 중요한 정보를 번역해줄 것이다.

정직 우리는 서로를 진지하고 솔직하게 대한다.
예) 나는 모든 습득물은 돌려줄 것이고 남들에게도 똑같이 행동하라고 권할 것이다. 스스로에게 솔직하고 내가 틀렸거나 도움이 필요하다는 사실을 받아들일 것이다.

성실 우리는 우리가 한 말과 믿음에 따라 행동한다.
예) 나는 언제나 긍정적인 본보기가 될 것이며, 부서의 지침을 따를 것이다. 부정성과 비판을 긍정적인 자세로 대체할 것이다.

무결함 우리는 우리의 폴리네시안 상품에 대해 결함이 없는 고객 서비스를 제공한다.
Kina'ole
예) 나는 새로운 정보와 절차에 대한 정보를 잘 파악하여

	최신 정보로 업데이트할 것이다. 초지일관 최선을 다해 내가 맡은 일을 할 것이다.
내가 주인이다 Mea ho'okipa	우리는 따뜻하고 너그러운 마음으로 고객을 환대한다. 예) 나는 고객이나 출연진과 웃으면서 대화를 시작할 것이고, 그들의 이름을 부를 것이다. 동료 교육생을 동료 출연진에게 소개하고 시설을 보여줄 것이다. 나만의 방식과 교류를 통해 모든 고객이 특별하다는 기분이 들게 하기 위해 노력할 것이다. 고객이 편안한 기분이 들도록 어떠한 요구라도 들어주고 친절하게 대할 것이다.
가족 'Ohana	우리는 서로를 가족처럼 대하며, 서로를 지원하고, 응원하고, 도와준다. 예) 나는 사람들이 우리의 출연진과 고객이 특별한 기분이 들도록 해주기 위해 그들을 응원하고 동기부여를 해줄 것이다. 동료 교육생과 동료 출연진을 지원하기 위한 가용 자원이 될 것이다.
개방성	우리는 정보를 자유롭게 공유한다. 예) 나는 다른 언어를 사용하는 사람들과 의사소통하기 위해 온갖 노력을 다할 것이다. 동료 교육생과 동료 출연진이 일을 잘 처리하면 그들을 인정해줄 것이다.
존중	우리는 신중하고 사려 깊게 남들을 대한다. 예) 나는 남들의 의견, 아이디어, 기분을 존중할 것이다. 남들에게 피해가 가지 않도록 내 역할을 다할 것이다. 남들이 실수에서 성장하고 배울 수 있게 실수를 인정해줄 것이다.

리조트에 투숙하고 있는 고객이라면 폴리네시안이 오늘날 누리고 있는 빛나는 평판을 언제나 누려온 것은 아니었다는 사실을 알게 되면 놀랄 것이다. 사실 1990년대

초 폴리네시안에 배치되는 것은 출연진 입장에서 쌍수를 들어 환영할 일은 아니었다. 폴리네시안은 고객 만족의 관점에서 볼 때 그리 높은 점수를 받지 못하고 있었다. 폴리네시안을 바꿔놓은 것은 그들만의 고유한 업무 문화를 만들고 유지하려는 출연진과 그들의 성공적인 노력 때문이었다.

당시 총지배인 클라이드 민Clyde Min의 지휘하에 폴리네시아의 출연진은 새로운 업무 문화를 구축하기 위해 호텔 자체의 스타일과 테마에서 힌트를 얻어 난관을 극복했다. 이들은 남태평양의 섬 문화를 연구하여 전통적인 섬의 가치관과 호텔의 업무 문화 사이에 새로운 연결점을 만들었다. 그 결과 후키파Ho'okipa에 기반을 둔 새로운 수준의 서비스가 탄생했다. 후키파는 폴리네시안 스타일의 환대와 무조건적인 온기와 관용으로 손님을 환영하고 즐겁게 해주려는 마음을 뜻하는 말이다.

호텔의 출연진은 그들만의 사명("우리 가족은 폴리네시아의 마법과 알로하aloha(사랑과 온기)의 정신을 공유하여 고유한 환대 경험을 우리 고객과 평생의 친구에게 제공한다")과 미래에 대한 비전을 만들었다. 그 비전은 "평생 기억될 마법 같은 추억을 만들어 주는 것으로 유명한 멋진 열대 천국"이 되어야 한다고 말한다. 또한 폴리네시안이 업계의 기준이 되고, 고객이 방문하기 위해, 직원은 일하기 위해 대기자 명단에 기꺼이 이름을 올리는 곳이 될 것이라고 명시하고 있다.

리조트의 새로운 사명과 비전을 지원하기 위해서 출연진은 다양성과 개방성 같은 전통적인 기업의 가치와, 오하나 'ohana(가족)와 알로하 같은 진정한 폴리네시아의 가치관을 혼합하여 리조트의 주제별 특징을 발전시킨 일련의 가치관을 채택했다. 그리고 나면 이러한 가치관은 출연진의 행동과 직접적인 연관성이 생겼다.

또한 출연진은 고객 만족에 방해가 되는 것을 찾아내 공격했다. 체크인 하는 줄이 너무 길거나 고객이 도착하지 않아서 폴리네시안 제도의 따뜻하고 풍부한 문화에 맞춰 제대로 환영받지 못할까 걱정이 되자 출연진은 절차를 재설계했다. 안내 데스크, 벨 서비스, 주차 서비스 등의 출연진이 파트너가 되어 출연진이 주도하여 리조트의 편의시설에 대한 풍부한 정보와 질문할 기회를 제공하는 로비 투어를 포함하는 새로운 체크인 절차를 만들었다. 추가적인 비용은 부과되지 않았고 고객이 안내 데스크에 서 있는 시간과 함께 대기열이 크게 줄었다.

폴리네시안 리조트에 다시 활기를 불어넣으려는 노력은 금세 열매를 맺었다. 고객 만족 수치는 전반적으로 개선되어 21퍼센트에서 68퍼센트로 상승했다. 반복 방문자의 수는 크게 증가하여 월트 디즈니 월드 고객 재방문 랭킹에서 여유 있게 1위를 차지했다. 고객 만족 비율은 백분위 점수로 70점대에서 90점대 후반으로 올라갔고, 노동자들의 보상과 안전사고의 관점으로 본 비용은 월트 디즈니 월드에서 가장 낮았다.

리조트에 대한 출연진의 태도가 어떻게 바뀌었는지 나타내는 또 다른 중요한 통계가 있다. 1996년에는 근무일에 아이를 데려오는 날 행사에서 불과 여덟 명의 아이가 폴리네시안 리조트를 방문했지만, 2년 뒤에는 113명의 아이들이 부모가 근무하는 곳을 보러 왔다.

또한 디즈니는 섬을 주제로 한 업무 문화를 최신 시설인 오아후의 하와이 섬에 있는 코올리나의 휴양 리조트 및 스파인 아울라니Aulani에 구축하는 것을 거의 마무리했다. 폴리네시안 리조트처럼 이야기 속 고유한 무대와 문화에서의 업무 문화의 힘을 상상해보라.

업무 문화 구축하기

문화를 창조하는 것은 과학이 아니다. 사실 문화를 창조하는 것은, 잘 되었을 경우, 전체 인력의 에너지와 정서를 모아 한 곳에 집중할 수 있는 아주 미스터리한 과정이다. 그러한 문화에 접했던 사람이라면 누구나 마법 같은 수준의 서비스를 구축할 수 있다고 말할 수 있다. 하지만 많은 경우(어쩌면 훨씬 많은 경우) 문화 창조는 기존의 현실을 반영하지 못하는 고상한 문장만 남기고 실패하고 만다. 우리는 업무 문화를 창조할 수 있는 공식을 제공하지는 못하지만 업무 문화 개발에 대한 디즈니의 체계적인 접근법에 대한 통찰과, 업무 문화가 비즈니스 결과에 미치는 강력한 영향력에 대한 생생한 사례를 소개할 수는 있다.

폴리네시안 리조트에서 업무 문화를 구축했던 과정과 아울라니에서 개발된 업무 문화를 자세히 관찰한다면, 업무 문화 구현을 위한 노력이 세 단계로 이루어져 있다는 것을 알 수 있다. 우선, 새로운 비전과 사명은 인력을 사업 단위에 보다 강력한 방식으로 배치할 수 있도록 계

> **문화 창조를 위한 여섯 가지 조언**
>
> 1. **단순함을 유지해야 한다.** 모든 사람이 문화를 편하게 느껴야 한다. 개성과 특성을 발휘할 여지를 두어야 한다.
>
> 2. **보편적이어야 한다.** 그 장소에 있는 경영진을 포함한 모든 사람들이 인정해야 한다.
>
> 3. **평가할 수 있어야 한다.** 구체적인 지침을 만들어, 업무평가 절차에 포함시켜야 한다.
>
> 4. **교육과 훈련을 제공한다.** 문화를 구성하는 요소를 직원 교육과 지속중인 성과 코칭에 포함시킨다. 개인과 개인 사이의 코칭을 촉진한다.
>
> 5. **팀원들에게 피드백과 아이디어를 부탁한다.** 주인의식을 조성하고, 직원들이 공연에 기여하게 하여 창의적인 의견이 늘어나도록 인력을 확장한다.
>
> 6. **성과를 인지하고 보상한다.** 공식적으로나 비공식적으로 보상을 해주고 인지 프로그램을 활용하여 직원에게 동기부여를 해준다.

획한다. 그런 다음, 사명 및 비전과 관련 있는 가치관을 찾아, 적절하게 표현하여, 구체적인 업무와 연결한다. 그리고 끝으로 직원들이 양질의 서비스를 위한 비전을 달성하도록 자유롭게 활동하게 한다.

한 조직이나 사업 단위에서 일하는 모든 사람을 단결시킬 수 있는 새로운 비전과 사명을 창조하기 위해서는, 모든 사람 혹은 적어도 모든 사람을 대표할 수 있는 팀이 그러한 노력에 참여해야 한다. 직원 자신이 고객과 공통의 목적과 관련하여 업무를 정의하고 그러한 목적을 이루기 위해 어떤 역할을 맡을 것인지 결정해야 한다. 예를 들어, 폴리네시안 리조트의 사명이 월트 디즈니 월드의 공통 목적과 비슷하면서도 고유할 수 있는 방법을 생각해보라. 또한 직원과 직원, 그리고 직원과 고객 사이에 좋은 관계를 유지하는 방법에 대해 고민해야 한다. 폴리네시안 리조트에서는 출연진이 한 가족이 되기로 했고, 고객은 손님이자 평생의 친구가 되었다. 마지막으로, 그들은 현실과의 연결을 끊고 상상의 나래를 펼칠 수 있어야 한다. 이러한 비현실적인 사고가 미래의 비전에 대한 기반이 된다.

공유된 업무 가치의 집합을 창조하는 것은 비전과 사명의 확립과 직접적으로 연결되어 있다. 일부 경영학자들은 가치관이 사명과 비전보다 중요하다고 생각한다. 이와는 반대로 생각하는 학자들도 있다. 어느 경우라도 공유된 업무 가치는 직원들이 행동할 때 길잡이가 되는 중요한 기본 요소이다. 가치를 찾아내는 것은 또한 팀이 해야 할 일이다. 팀은 이미 조직에서 작동하는 가치, 문화에 도움을 줄 수 있는 새로운 가치, 그리고 그러한 가치가 얼마나 고객의 서비스 수요를 충족시킬 수 있는지 고민해야 한다. 폴리네시안 리조트의 출연진이 했던 것처럼, 가치관을 반영하는 행동을 확립함으로써 가치관과 행동을 연관시키는 방법과 그러한 행동을 평가하는 방법 역시 고민해야 한다.

업무 문화를 창조하는 마지막 단계는 직원들이 자유롭게 그러한 문화를 실천하게 하는 것이다. 직원들은 어떻게 하면 사명과 비전을 성취할 수 있을지, 그들의 업무가 서비스 제공에 어떤 영향을 미칠지, 그리고 어떻게 하면 서비스 전달을 개선할 수 있을지 고민해야 한다. 폴리네시안에서 체크인 절차를 고안한 것을 보라. 직원들은 또한 사명과 전략을 업무의 가치관을 반영하는 행동과 실천으로 바꾸는, 영원히 끝나지 않을 일을 시작해야 한다. 그래야만 업무 문화를 창조하는 일이 결과를 내기 시작할 것이다.

양질의 서비스 신호들

기억에 남을 첫인상을 남긴다. 첫인상은 영원히 지속된다. 처음 접하는 바로 그 순간부터 앞길이 유망한 신입 사원에게 올바른 메시지를 전하기 시작한다.

조직의 에너지와 열정을 가장 먼저 알린다. 기업의 유산, 가치관, 공통의 목적, 품질기준이 신규채용과 관련된 서류작업보다 중요하다. 신입 사원 오리엔테이션 시간을 이용하여 조직의 비전과 문화를 전한다.

서비스 언어를 말한다. 서비스 의상을 입는다. 내 모습과 내가 말하는 방식이 고객의 마음에 어떤 이미지를 전한다. 내 외모와 말은 우리 기업 서비스의 품질을 반영한다.

기본적인 업무 지침을 확립한다. 지침은 직원들이 정중하게 행동하고 모든 손님의 개성을 존중하도록 하는 행동을 모아 놓은 것이다. 지침은 양질의 서비스 성과를 전달하고 측정하기 위한 기준을 형성한다.

업무 문화를 구축한다. 업무 문화는 특정 사업부서에서의 직원의 역할을 지시하고 개선하는 지역마다 다른 행동, 특징, 용어, 가치관 등을 모아놓은 것이다. 업무 문화는 공유된 가치관, 비전, 사명 등을 이용하여 서비스 전달을 최적화하고 개인화하는 데 도움을 준다.

무대의 마법

월트 디즈니는 마치 자석처럼 오스카상을 긁어모았다. 개인적으로 오스카 수상 후보에 지명된 횟수만 해도 64회로, 역대 최다 후보 지명 기록을 가지고 있고, 그중 32번 수상을 해서 최다 수상 기록도 세웠다. 수십 번 시상대 앞에 서서 오스카상을 받다 보면, 상을 받는 것이 어느 정도 일상이 되어버렸을 수도 있지만, 1932년 월트도 인정했듯 처음 상을 받았던 순간만은 분명 설렜을 것이다. 그해 월트는 새롭게 만들어진 만화영화 부문에서, 《실리 심포니Silly Symphony》 시리즈의 29편이자 '테크니컬러Technicolor'라는 새로운 기법을 사용하여 제작된 《꽃과 나무Flowers and trees》로 상을 받았다.

만화영화에서 컬러를 혁신적으로 사용한 것이《꽃과 나무》가 관객과 평단 사이에서 센세이션을 일으킨 주요 원인이었지만, 주목할 만한 다른 이유도 있다. 단편 영화《꽃과 나무》는 다른 만화영화가 이전에는 보여주지 못했던 무대의 가능성을 보여주었다. 영화 속 이야기에서 두 젊은 나무가 사랑에 빠지는데, 그들의 행복은 어느 질투심에 불타는 라이벌(이 영화에서는 쭈글쭈글한 그루터기가 나온다)에 의해 위협받는다. 늙은 그루터기는 두 연인을 갈라놓으려고 불을 지른다. 하지만 자신이 불에 타버리고 만다. 숲은 활기를 되찾고 두 젊은 연인은 결혼한다. 숲이라는 무대와 멘델스존과 슈베르트의 음악은 관객에게 이야기를 전달한다. 사실, 무대는 그 시대의 다른 만화에서 행위의 배경을 제공할 뿐이었지만, 갑자기 영화의 전부가 되었다.

1938년 월트와 디즈니 스튜디오는 아카데미상을 두 개 더 수상했다. 이번에는 스튜디오에서 발명한 것 가운데 하나인 다면 카메라multiplane camera로 과학기술 부문에서 상을 수상했고, 또 다른《실리 심포니》시리즈인《올드 밀The Old Mill》이 최고 만화영화상을 수상했다. 다면 카메라는 무대의 모든 가능성을 포착하는 데 큰 발전이 있었음을 보여주었다. 다면 카메라 덕분에 월트의 전기작가 밥 토머스가 "만화영화의 어쩔 수 없는 평평함"이라고 표현했던 것을 디즈니 애니메이터들은 극복할 수 있게 되었다. 다면 카메라는 수많은 애니메이션 셀과 유리판을 통하여 지시된 방향으로 움직일 수 있어, 실사 카메라가 세트를 통하여 이동하는 것과 동일한 효과를 낼 수 있었다. 그 결과 세트는 이전에 한 번도 볼 수 없었던 깊이가 생겼다. 다면 카메라가 더 설득력 있는 환상의 세계를 보여줄 수 있었던 이유는 관객들이 실물을 보는 것과 똑같은 방법으로 환상의 세계를 보았기 때문이었다. "상상의 나래를 펼치되, 현실을 보지 못해서는 안 된다"고 월트는 설명했다.

1940년《환타지아》가 개봉했을 때, 월트의 혁신적인 무대 사용이 다시 한 번 뚜렷이 드러났다. 빗자루가 행진을 했고 꽃과 버섯이 춤을 추었다. 《환타지아》는 또한 무대의 중요한 요소인 소리의 사용에서도 신기원을 열었다. 이 영화에서 사용된 '환타사운드Fantasound'는 여러 대의 마이크를 사용하여 음악을 녹음했고 마이크와 같은 수의 스피커를 통하여 음악을 재생하는 것이었다. 월트는 이러한 획기적인 기술로 또 하나의 아카데미상을 수상했다. 하지만 안타깝게도 제2차 세계대전이 발발하여 해외시장으로 가는 길이 막혔고, 《환타지아》를 제대로 상영하기 위해서는 값비싼 음향장비가 필요했기 때문에 극장주들은 상영하길 꺼려했다. 《환타지아》의 제작비는 당시 실사영화의 평균 제작비의 네 배가 넘는 220만 달러였고, 첫 개봉에서는 완전히 실패하고 말았다. 하지만 20년 뒤인 1960년에 《환타지아》는 재개봉하여 단숨에 영화팬들의 마음을 사로잡아 애니메이션의 고전임을 분명히 보여주었다.

만화영화가 감동을 주려면 관객에게 사실처럼 보여야 한다는 고집은 디즈니랜드의 무대에 고스란히 반영됐다. 사람들은 최초의 테마파크에 대한 월트의 아이디어가 곧

바로 인정받았을 것으로 생각할지 모르지만, 사실은 그렇지 않다. 1940년대 말 월트는 자신이 구상하는 놀이공원을 만드는 일에 점점 흥미가 커졌지만, 그의 아이디어를 지지해주는 사람은 점점 줄어들었다. 월트의 형 로이는 월트의 오랜 사업 파트너였고, 회사의 재정을 담당하고 있었다. 그는 현재 사업의 영역을 넘어서는 이러한 위험한 도약에 투자할 가치가 없다고 생각했고, 자금을 지원하길 꺼렸다. 1952년 월트는 더 이상 기다리지 못하고 회사와는 무관하게 평소대로 일을 추진했다. 그는 WED 엔터프라이즈 주식회사를 설립하고, 보험증서를 담보로 받은 대출금과 팜스프링스에 있는 별장을 팔아 자금을 마련했다. 또한 디즈니 애니메이션 스튜디오의 최고 이매지니어들을 데려와서 빈 사무실과 작업실에 숨겨놓고 놀이공원 일을 하게 했다.

디즈니랜드를 설계하고 건설한 사람들이 애니메이션 분야 출신이었기 때문에 그들은 처음부터 무대를 공원의 필수적이고 중요한 부분으로 여겼다. 디즈니랜드 안에서 움직이다 보면 고객들은 실사영화의 한 장면을 경험할 것이다. 그리고 만화영화에서처럼 상상이 생명을 얻기 위해서는 관객들이 완전히 몰입하는 경험을 할 기회가 있어야만 했다. "디즈니랜드는 한 편의 공연이다"라고 월트는 말했고, 무대의 모든 부분은 그 공연에 도움을 주어야만 했다.

> 디즈니랜드는 앨리스가 거울 속으로 걸어 들어가는 발걸음과 비슷하다. 디즈니랜드로 가는 관문을 통과하는 것은 다른 세계로 들어가는 느낌이다.
>
> — 월트 디즈니

"누군가 월트에게 왜 그렇게 모든 것을 실제처럼 보이게 하려고 애쓰는가라는 질문을 했었죠." 이매지니어 토니 박스터가 회상했다. "월트는 우리가 파는 것은 환상과 이야기에 대한 믿음인데, 배경이 그럴 듯하지 않다면 사람들은 그것을 사지 않을 것이라고 말했어요." 나중에 돌이켜보면, 월트의 생각은 너무나도 당연한 것이었다. 관객들은 디즈니랜드라는 아이디어를 단순히 돈을 주고 산 것이 아니었다. 그들은 디즈니랜드와 사랑에 빠진 것이다.

디즈니 테마파크에서 무대의 역할은 1980년대 중반 마이클 아이스너가 월트 디즈니사의 리더가 되었을 때 활기를 되찾았다. 마이클은 테마파크 건설에 관해서는 잘 몰랐지만, 눈을 떼지 못하게 하는 매력적인 엔터테인먼트를 창조하는 법을 알고 있었다.

"그 사람은 영화계 출신이었지요. ABC나 파라마운트 같은 곳이요." 당시 국제적으로 진행되고 있던 디즈니의 건설 프로젝트를 이끌었던 피터 럼멜Peter Rummell이 설명했다. "몇 달 동안, 그가 기획안을 검토하는 모습을 볼 때면, 이쪽 분야에 대해서는 잘 모를 것이라고 확신했죠. 하지만 그는 디즈니를 속속들이 알고 있었어요. 디즈니의 장점, 디즈니가 세상에 전하는 것은 무엇인가 등등. 모두들 지겹도록 많이 들어본, '성공의 열쇠는 위치!'라는 부동산 시장에서 많이 사용하는 격언이 있죠. 마이클의 구호는 곧 '성공의 열쇠는 엔터테인먼트!'가 되었습니다. 그는 일관성이 있었고 포기할 줄 몰랐습니다."

새로운 일을 시작한 지 두 주가 지났을 때, 마이클은 미키 마우스처럼 생긴 호텔을 짓자는 제안을 했다. 미키 마우스처럼 생긴 호텔은 불가능했지만, 신참 최고경영자에게 기꺼이 홈런을 치고 싶은 마음이 있다는 사실은 무대의 측면에서 본다면 완전히 새로운 게임이 시작됐다는 신호였다. 그 후 얼마 지나지 않아, 마이클은 월트 디즈니 월드에 새롭게(하지만 건축적으로는 평범한) 건설하는 두 호텔에 대한 계획을 폐기했다. 장기적으로 소중한 개발업체와의 장기적인 관계에 문제를 일으킬 수 있는 돌발적인 행동이었지만, 충분한 성과가 뒤따랐다. 1,514개의 객실이 있는 월트 디즈니 돌핀 호텔과 758개의 객실을 보유한 월트 디즈니 스완 호텔이 폐기된 호텔을 대신했다. 세계적으로 유명한 건축가 마이클 그레이브스가 설계한 두 호텔은 디즈니 리조트의 무대에 대한 새로운 기준을 만들었다.

스완 호텔과 돌핀 호텔은 디즈니 건축의 르네상스 시대를 알리는 신호였다. 얼마 지나지 않아 전 세계 최고의 건축가들이 디즈니의 수수료를 받고 일하기 시작했다.

월트 디즈니 월드의 그랜드 플로리디언Grand Floridian, 황야의 오두막Wilderness Lodge, 보드워크BoardWalk, 요트 클럽과 비치 클럽Yacht Club and Beach Club(로버트 스턴이 설계했다) 같은 리조트는 무대를 완전히 새로운 경지까지 올려놓았다. "우리의 호텔은 그 자체로 경험이자 엔터테인먼트가 되었다." 마이클은 그의 저서 『일과 성공Work In Progress』에 이렇게 썼다. "우리 호텔이 예술적인 측면으로 유명하긴 하지만, 가장 꾸밈없는 찬사는 우리의 고객에게서 나온다. 오늘날까지 각 호텔의 점유율은 90퍼센트 이상이며, 이는 세계에서 가장 높은 점유율이다."

무대는 계속해서 디즈니의 양질의 서비스를 전달하는 데 핵심적인 역할을 하고 있다. 디즈니의 영화를 보거나, 디즈니의 크루즈에 탑승하거나, 디즈니의 상점에서 쇼핑을 하거나, 디즈니의 파크에 갔을 때 주변 환경을 유심히 살펴보자. 놀라운 수준의 깊이와 일관성을 발견할 것이다. 이러한 것들이 우리의 경험을 얼마나 향상시킬 수 있을지 생각해보자.

무대가 서비스를 전달한다

대다수의 사업가에게 고객에게 서비스를 제공하는 방법을 물으면 분명히 주로 사람이나 프로세스(각각 앞 장과 다음 장의 주제들이다)를 통해서 서비스를 제공한다고 말할 것이다. 하지만 기업 무대가 서비스를 전달할 수 있다는 개념은 제대로 이해되고 있지 않다. 무대가 정말 무언가를 전달할 수 있을까? 그렇다면, 어떻게 서비스를 전달할 수 있을까?

사실, 무대는 서비스의 물리적인 측면과 심리적인 측면 모두 전달할 수 있다. 예를 들어, 디즈니 테마파크에는 출연진이 고객을 태우고 내려주는 많은 놀이기구가 있지만, 서비스 경험의 대부분은 무대 자체인 놀이기구를 탈 때 전달된다. 이러한 현상은 모든 비즈니스에서 점점 많아지고 있다. 요즘 같은 전자상거래 시대에서, 우리는 물리적인 서비스의 전달이 직원에서 무대로 변화하는 것을 목격하고 있다. 책이나 음악을 비롯해서 온라인에서 구할 수 있는 수없이 많은 제품과 서비스를 구입할 때 우리는 무대, 즉 우리가 구입을 하고 있는 웹사이트에 의해 서비스를 전달 받는다. 대부분의 이러한 거래에서 판매와 관련된 유일한 인간은 오로지 나뿐이다. 무대와 전자상거래 절차가 서비스를 전달한다. 직원들은 무대를 구축한 다음 유지관리에 참여한다. 그리고 그 일이 끝나면 주문을 처리하는 일에 투입된다.

서비스의 심리적 측면을 전달하기 위한 무대의 사용도 물리적 측면과 마찬가지로 많이 볼 수 있다. 모든 조직은, 의도적이든 의도적이 아니든, 운영되는 무대에 고객에 대한 메시지를 반영한다. 고급승용차 대리점과 중고차 매장이 있다고 상상해보자. 이번에는 테마파크와 축제, 그리고 디자이너 의류매장과 아웃렛 상점에 대해 상상해 보자. 각각의 조합에서 소비자들은 자동차, 엔터테인먼트, 의류 등 유사한 상품을 구입한다. 하지만 각각의 경우 소비자가 이러한 상품을 구매하는 무대는 소비자가 기대하는 제품의 질과 서비스의 수준에 대해 많은 것을 전달해준다. 소비자가 지불할 의사가 있는 가격에 영향을 미치는 것은 말할 필요도 없다.

1장에서 주목한 것처럼, 단순한 진실은 '모든 것'이 중요하다는 것이다. 살아 있는 것이든 죽어 있는 것이든 모든 것이 고객에게 중요할 뿐 아니라, 영향을 미친다. 무대에 의해 전달되는 메시지는 우리가 팔고 있는 제품과 서비스에 대한 고객의 인식을 확립하고 변화시킨다. 20세기의 가장 독창적인 사상가이자 발명가이며 엡코트에 있는 지오데식 돔Geodesic Dome에 기반한 60미터 높이의 우주선 지구호를 만든 R. 버크민스터 풀러Buckminster Fuller가 한 말은 적절하다. "사람을 바꿀 수는 없다. 하지만 사람이 있는 곳의 환경을 바꾸면 사람이 바뀔 것이다."

요약하자면, 무대는 서비스가 고객에게 전달되는 환경이자, 그 환경 내에 있는 모든 물체, 그리고 그러한 서비스 환경과 물체를 개선하고 유지하기 위한 절차이다. 무대는 양질의 서비스 나침반의 중요한 요소이며, 고객에게 서비스를 효과적으로 알리고 전달하기 위해서는 무대를 디자인하고 관리하는 것이 중요하다.

디즈니식 표현에서 '무대setting'는 비즈니스가 수행되는 무대stage이다. 디즈니 리조트에서 주요한 무대는 "언덕 내부inside the berm"라고 한다. 이 표현은 디즈니랜드에서 유래했다. 월트는 디즈니랜드 주위에 경계를 물리적으로 표시하기 위해 낮은 언덕을 만들었다. 그 언덕은 고속도로나 건물처럼 외부에 있는 것 때문에 월트가 건설하고 있는 실사영화에 집중하지 못하게 방해하는 것을 막아주었다. "사람들이 공원에 있는 동안에는 자신이 사는 세상을 보지 않았으면 좋겠다. 다른 세상에 와 있다고 느꼈으면 한다"고 월트는 말했다.

디즈니랜드를 경계로 언덕 바깥에 있는 세상과 언덕 안쪽에 있는 세상의 극명한 대비는, 출연진에게 언덕 안으로 들어오면 일이 시작되는 것이라는 것을 알게 해주었다. 디즈니 리조트를 잠시만 둘러보아도 언덕 내부가 세세한 곳까지 얼마나 관리가 잘 되어 있는지 알 수 있다. 뿐만 아니라 언덕 내부의 무대를 관리한다는 아이디어는 물리적 시설에만 국한된 것이 아니다. 디즈니 리조트의 모습을 소개하고 홍보하는 디즈니 웹사이트 역시, 고객이 예약을 하고 고객과 의사소통을 하는 전화 시스템과

올랜도 공항에 있는 디즈니 선물 자동판매기와 마찬가지로 무대의 일부이다. 공들여 제작한 테마 열차와 버스 역시 무대의 일부이며 고객에게 서비스 메시지를 전달한다. 우리의 고객들이 우리와 접하게 되는 모든 무대는 반드시 양질의 서비스를 제공해야 한다.

선택된 무대의 구성요소

건축 설계

조경

조명

색상

신호체계

카페트의 방향 설계

바닥 표면의 질감

초점과 방향표지

내부/외부 세부사항

음악/주변 소음

냄새

접촉/촉감 경험

맛

위의 정의에 따르면 무대는 환경 안에 있는 물체도 포함한다. 디즈니 리조트와 파크에서는 호텔 객실의 가구, 레스토랑의 식기, 시설에 있는 나무와 꽃, 그리고 물론 공원의 놀이기구 등을 의미한다. 이러한 물건들이 모두 고객에게 엔터테인먼트를 전달하는 데 기여한다. 불편한 침대, 투박한 식기, 가꾸지 않은 조경, 덜컹거리는 놀이기구를 다시 보러 올 사람은 없을 것이다. 줄어든 여가와 애써서 번 돈을 쓸 선택지가 그 어느 때보다 많아진 지금, 엉망으로 디자인되어 고객을 영원히 떠나게 하는 무대가 얼마나 많을까? 오늘날 성공한 기업은 갈수록 중요해지는 이러한 문제에 대해 계속해서 답을 구해야 한다.

끝으로, 무대는 환경과 그 안에 있는 대상을 유지하고 개선하는 일을 포함한다. 아무리 잘 디자인된 무대라도 반드시 계속해서 유지하고 개선해야 한다. 놀이기구는 잘 손질해 두어야 하며, 객실은 청결하게, 식물에게는 영양분과 물을 공급해주어야 한다. 잘못 관리된 무대는 잘못 디자인된 무대만큼 큰 영향을 미친다.

할 일이 많아 보인다면, 실제로도 할 일이 많기 때문이다. 실질적인 마법을 만드는 것은 고된 일이자, 사소한 것에 주의를 기울이는 데 전적으로 의존하는 보잘 것 없는 비즈니스이다. 전설적인 이매지니어 고故 존 헨치의 설명을 들어보자.

흥미롭게도, 그 모든 성공에도 불구하고 디즈니의 테마 쇼는 꽤나 허술하다. 특정 순간의 경험을 사라지게 하려면 정신을 확 깨게 하는 엉뚱한 것만 있으면 된다… 사인펜을 준비해서 "들어오지 마시오"라고 갈색 포대 자루에 쓴다… 접대하는 주인의 의상 대신 청바지와 탱크톱을 입는다…90년대 동성애자 음악의 멜로디 대신 록 음악을 튼다…인공잔디를 깐다… 퉁명스런 직원을 그곳에 추가한다… 모든 것을 망치는 데는 정말이지 많은 것이 필요하지 않다.

우리의 성공 공식은 무엇일까? 사소하고, 작고, 중요하지 않은 것, 다른 사람이라면 시간이나 돈, 노력을 들이지 않을 유별난 것에 대한 무한한 관심이다. 디즈니의 조직에게 그것은 지금까지 해왔던 유일한 방법이다. 우리는 아마 앞으로 20년이 지났을 때도 외부인에게 이것을 설명하고 있을 것이다.

무대에 관한 추가적인 설명이 필요 없는 한 조직이 있다면, 루이지애나에 기반을 둔 이스트 제퍼슨 종합병원 메타리Metairie일 것이다. 이스트 제퍼슨 병원은 450개 이상의 병상을 갖춘 비영리 병원으로 디즈니 인스티튜트에서 자체적인 양질의 서비스를 위한 여정을 시작했고, 계속해서 다양한 방식으로 무대를 개선했다. "환자를 보살피고 안락함을 제공하는 것이 우리의 최상의 사명이다"라는 공통의 목적에 헌신하기 위해 병원은 조경에서 중환자실을 새롭게 디자인하는 것까지 모든 설계를 바꾸었다. 직원들은 인근 주차장을 이용하거나 셔틀버스를 타고 출근하여 환자와 방문객이 병원 주차장을 사용할 수 있게 해주었다. 새로운 주차시설이 세워졌을 때는 고객이 35걸음을 걷기 전에 직원을 만날 수 있도록 설계되었다.

이스트 제퍼슨 중환자실은 무대를 통해 서비스를 전달하는 모델로 바뀌었다. 20개의 중환자 관리 영역을 위해 이스트 제퍼슨은 복도를 따라 한쪽에 10개씩 양쪽에 나란히 병실을 만들었다. 모든 병실의 전면 벽의 거의 대부분은 유리였고, 사생활을 위해 커튼을 달았고, 벽은 문처럼 열릴 수 있어 엑스레이를 비롯한 대형 장비를 환자 곁으로 이동할 수 있게 했다. 엑스레이 현상소를 단위마다 설치하여 엑스레이 영상을 그 자리에서 처리하여 볼 수 있게 했다.

중환자실의 실내 병실 벽에는 뚜껑이 덮인 휴지통과 캐비닛이 나란히 줄지어 놓여 있었다. 중환자 담당 간호사에게 필요한 것은 한두 걸음 이내에 있었다. 그래서 간호사들은 항상 환자 곁에 머물 수 있었고, 기존의 간호사실은 병실 유리벽 반대편에 전화와 컴퓨터가 놓인 카운터가 연달아 배치되도록 재설계됐다. 환자와 근무 중인 간호사들은 거의 언제나 서로 눈이 마주쳤다. 환자의 보살핌과 운영 효율성이 녹아 들어간 이스트 제퍼슨 중환자실 무대는 건강관리 건축가협회와 중환자의료학 재단,

미국 중환자 관리 간호사 협회가 주는 중환자실 설계상을 공동수상했다.

상상력 Imagination + 기술 Engineering = 이매지니어링 Imagineering

잠시라도 월트 디즈니 이매지니어링에 대해 이야기하지 않고 디즈니에서 무대의 역할을 논하는 것은 불가능하다. 이매지니어링이라는 말은 월트가 직접 만든 것이다. 디즈니의 성공에 대해 질문을 받았을 때, 그는 이렇게 대답했다. "정말 특별한 비법은 없습니다. 우리는 계속해서 전진하고 있습니다. 미지의 세계로 가는 문을 열고 새로운 일을 합니다. 호기심이 있기 때문입니다. 그리고 호기심 덕분에 우리는 새로운 길을 앞장서서 가고 있습니다. 우리는 늘 탐험하고 실험합니다… 우리는 그걸 이매지니어링이라고 부릅니다. 창의적인 상상력과 기술적인 노하우를 합한 말이지요."

이매지니어링은 월트 디즈니사의 마스터플랜이자 창조적 개발, 디자인, 엔지니어링, 생산, 프로젝트 관리, 연구 개발의 무기이다. 150가지가 넘는 규율을 대표하는, 1600명 이상이 모인 이들 인재 집단은 디즈니 리조트와 테마파크, 놀이기구, 호텔, 워터파크, 부동산개발, 지역 엔터테인먼트 행사장, 크루즈, 뉴미디어 기술 프로젝트 등을 담당한다. 이들의 모토는 '꿈꿀 수 있다면 할 수 있다'이다.

디즈니 테마파크에 있는 섬세한 세부처리와 특수효과에 감탄했다면 그것은 이매지니어의 작품에 대한 찬사이다. 그들은 가장 먼저 상상하고, 디자인하여 무대를 만든다. 이매지니어들은 오디오-애니메트로닉스 캐릭터들이 등장하는 캐리비안의 해적 같은 모험 활극 등 세상에서 가장 독특한 경험적 스토리텔링을 만들어내고, '공포의 환상특급The Twilight Zone Tower of Terror'이라는 새로운 차원의 중력보다 빠른 '자유낙하'를 개발했고, '캘리포니아 비행Soarin' Over California'에서는 초고속 대형 포맷의 영상 프로젝션과 획기적인 승차 시스템을 결합하여 고객에게 행글라이더를 타고 날아가는 숨 막히는 경험을 전해준다. 독특한 프로젝트를 개발하는 과정에서 월트 디즈니 이매지니어링은 승차 시스템, 특수효과, 인터랙티브 기술, 실사 엔터테인먼트, 광섬유, 고급 오디오 시스템 등의 분야에서 115가지 이상의 특허를 획득했다.

이매지니어들은 디즈니의 공통 목적과 품질기준을 전달하는 무대를 어떻게 만들어낼까? 전직 이매지니어 부회장 마티 스클라Marty Sklar는 이 복잡한 질문에 대해 자신이 만들어 '미키의 십계명'이라고 이름을 붙인 무대 설계 원칙으로 간략하게 답을 했다. "그 원칙들은 이매지니어링 과정과 제 멘토인 월트 디즈니와 존 헨치에게서 얻은 것입니다." 이 장의 나머지 부분에서 다음과 같은 원칙에 대해 다룰 것이다.

1. **관객이 어떤 사람인지 파악한다:** 무대를 만들기 전에 누가 그것을 사용할지 확실하게 이해한다.
2. **고객의 입장에서 생각한다:** 즉, 인간적인 요인을 절대 잊어서는 안 된다. 고객의 관점에서 무대를 평가해야 한다.
3. **인간과 아이디어의 흐름을 체계화한다:** 무대를 하나의 이야기로 생각하고, 이야기의 순서를 체계화하여 말한다. 동일한 순서와 논리를 고객 감동의 디자인에 적용한다.
4. **"위니wienie"를 만들어야 한다:** 무성영화 비즈니스에서

유래한 속어인 "위니"는 월트 디즈니가 시각적 자석이라고 불렀던 것이다. 시각적인 자석은 고객의 시선을 끌어당기는 시각적 기념물이다.

5. **시각적 판단 능력** visual literacy**을 이용하여 의사소통한다:** 언어는 단어로만 구성되는 것은 아니다. 색상, 모양, 형식이라는 공통어를 이용하여 의사소통하라.
6. **지나치게 많은 양을 전달해서는 안 된다:** 흥미를 느끼게 해야 한다: 고객에게 데이터 폭탄을 안겨서는 안 된다. 고객이 원하는 정보를 고르게 해야 한다.
7. **한 번에 한 가지 이야기를 할 것:** 한 무대에서 여러 가지 이야기를 섞어서 말하면 혼란을 느끼게 된다. 각각의 이야기에 어울리는 무대를 꾸민다.
8. **자가당착에 빠지지 말고, 정체성을 유지해야 한다:** 모든 디테일과 무대는 조직의 정체성을 지키고 사명을 완수하는 데 도움이 되어야 한다.
9. **모든 사소한 일에도 커다란 기쁨을 줄 것:** 고객이 자신의 감각을 모두 활용할 기회를 제공하는 인터랙티브 환경을 구축하여 최상의 가치를 선사한다.
10. **좋은 상태를 유지한다:** 현실에 안주하지 말고 늘 무대

를 관리한다.

이매지니어의 십계명을 염두에 두고, 고객에게 메시지를 전달하는 능력과 서비스를 경험할 수 있게 하는 길잡이로서의 역할 등 무대의 주요한 두 가지 쓰임새에 대해 알아보자.

무대를 이용하여 메시지를 보내기

고객들은 디즈니 파크에서 놀이기구를 이용할 때마다 새로운 이야기를 접하게 된다. 이러한 이야기, 혹은 테마는 놀이기구마다, 그리고 공원마다 달라진다. 이는 호텔과 레스토랑까지 확장된다. 무대는 이러한 이야기 전달에서 중심적인 역할을 한다. 무대가 이야기를 듣는 데 도움이 된다면 제대로 메시지를 전달하고 있는 것이다.

이에 대한 많은 사례 가운데 하나는 월트 디즈니 월드의 매직킹덤 입구에서 볼 수 있다. 정문에 도착하면 입장권을 확인한 다음 회전문을 통해 입장한다. 그러면 전화와 화장실이 있는 옥외 로비가 나타난다. 로비를 지나면 메인 스트리트에 있는 타운 스퀘어로 연결된 두 개의 짧은 터널 중 한 곳으로 들어가게 된다. 터널을 통과하면, 아무리 이른 아침이더라도 터널 입구 근처에 놓인 카트에서 갓 튀긴 팝콘 냄새가 풍겨온다. 공원으로 들어가는 경험은 노골적으로 관객들이 영화관에 입장하는 경험을 떠올리도록 디자인되었다. 입장권을 판매하는 곳, 회전문, 로비, 앞으로 나올 새로운 놀이기구를 소개하는 포스터가 줄지어 붙은 상영관으로 들어가는 복도 등은 물론, 심지어 팝콘까지 말이다.

이야기가 바뀌면 그에 따른 무대도 바뀌어야 한다. 디즈니 파크는 조경이 아름다운 것으로 유명하지만 '귀신 들린 집 Haunted Mansion'에 들어가는 사람에게 조경이 잘 손질되었다는 말을 듣지는 못할 것이다. 월트 디즈니 월드에서 놀이기구를 타려고 줄을 서 있는 고객들은 플로리다의 밝은 햇살을 차단해주는 차양이 있는 것을 볼 수 있다. 고객들은 빛을 받지 못해 표면이 거칠고 크기도 작은 식물과 나무에서 떨어진 나뭇잎이 쌓여 있는 버려진 묘지를 지나간다. 저택 내부에는 먼지와 거미줄이 가득하다. 이 정도의 지저분함은 유지하기가 쉽지 않다. 공원에서는 2킬로그램 정도의 봉투에 담긴 먼지를 구입하여 일종의 역진공청소기를 이용하여 놀이기구에 뿌린다. 거미줄은 비법에 의해 만들어진 어떤 액체를 이용하여 만든다.

월트 디즈니 월드의 리조트는 또한 무대를 통한 메시

지를 잘 활용한다. '황야의 오두막Wilderness Lodge'은 '현대 리조트Contemporary Resort' 바로 옆에 있지만, '현대 리조트'가 '황야의 오두막'의 미국 서부 무대에 피해를 주지는 않는다. 고객들은 '현대'를 보지 못한다. 의도적으로 시선을 막아 놓았기 때문이다. 고객들은 커다란 소나무가 길가에 서 있고 고풍스런 가로등과 '곰이 다니는 지역' 표지판이 여기저기 서 있는 구불구불한 길을 따라 오두막으로 들어간다. 메인 로비를 통과해 직진해서 건물 밖으로 나오면 저 멀리 보이는 개발의 손길이 전혀 닿지 않은 호수의 모습에서 방대한 공터와 미국 국립공원의 아름다운 자연이 떠오른다. 디즈니는 무엇이든 통제할 수 있다는 인상을 받을 수도 있으니 소나무에 스페인 이끼가 늘어져 있는 모습에 주목하라. 스페인 이끼는 서부 지역에서는 자라지 않지만, 조경팀이 아무리 노력을 해도 플로리다에서는 자라는 것을 막을 수가 없었다. 조경팀은 대자연 앞에서 고개를 숙였다.

디즈니가 이야기를 중요하게 여기는 유일한 회사는 아니다. 모든 회사는 고객에게 자신들만의 독특한 이야기를 해준다. 그리고 그러한 이야기는 무대의 도움을 받아 계속 발전한다. 예를 들어, 뉴욕시에 기반을 둔 유력한 전문 서비스 기업 프라이스워터하우스쿠퍼스Price water house Coopers, PwC는 월트 디즈니 월드의 무대를 모방하여 채용 후보자들을 설득하는 메시지를 보낸다. 회계, 감사, 컨설팅 분야의 4대 기업 중 한 곳으로 연간 266억 달러의 매출을 올리는 PwC는 전 세계에 16만 명의 직원이 있으며, 다른 대기업들처럼 인턴십 프로그램을 이용하여 최고의 대학생들의 마음을 사로잡아 입사 관문을 통과하도록 유혹하고 있다. PwC 인턴의 상당수가 졸업과 함께 일자리를 제안받는다. 그러기 위해서 PwC가 월트 디즈니 월드의 무대와 디즈니 인스티튜트의 교육을 활용했던 것이다.

1998년과 그 후로 몇 년 동안, PwC는 연례 인턴십 프로그램으로 전체 참가자들을 월트 디즈니 월드로 데려가 5일 동안 교육을 받고 즐기는 것(참가자들은 이 교육을 '마법을 찾아라'라고 불렀다)으로 대신하기로 했다. 학생들을 놀라게 했던 이러한 프로그램은 PwC가 얼마나 그들의 잠재력을 소중히 여기는지에 대한 설득력 있는 메시지였다. "월트 디즈니 월드에 갔던 것은 처음부터 끝날 때까지 신나는 인턴생활이 무엇인지에 대한 결론을 내려주는 것 같았다. 리하이 대학에서 온 인터 케빈 포스트가 말했다. "마지막에 플로리다까지 이동한다는 아이디어는 대단한 헌신을 보여주었다. PwC는 최고의 자산이 인간이라는 사실을 깨달은 것이 분명했다."

2011년 PwC는 프로그램을 새롭게 선보였다. 이번에는 대학 졸업생 인턴의 일자리 제안 수락율을 높이기 위해 월트 디즈니 월드에서 정규직 일자리를 제안 받았던 사람 중 2,400명을 초대했다. 교과 과정에는 직업적인 통찰력, 학습, 리더십 교육, 자기 계발 시간 등으로 이루어진다. 교과 과정의 목적은 PwC 미국 및 글로벌 인재 부문의 리더인 폴라 루프Paula Loop에 따르면 "인턴들이 정규직 업무에 대비하는 것을 도와줄 수 있는 에너지와 잊을 수 없는 경험"이다.

고객 중에서도 학생을 중요하게 여기는 또 다른 단체는

델라웨어주 도버에 있는 2,500명의 학생이 재학중인 미국 감리교 계열의 웨슬리 대학이다. 웨슬리 대학의 경영진은 디즈니 인스티튜트에서 열린 독립 대학 협회에 참석한 뒤, 예비 학생과 가족에게 델라웨어주에서 가장 오래된 사립대학(1873년 설립)을 소개하기 위해 개최하는 대학 공개행사에 그들의 무대를 더 활용하기로 했다. "우리는 입학처 직원들이 건물을 가리키며 '저곳이 과학동입니다'라고 말하는 것 이상의 일을 하게 도와주어야 합니다"라고 당시 학사처 부처장 로레나 스톤이 말했다. "캠퍼스 견학 도중 기억에 남을 만한 이야기를 들려주어야 합니다."

새롭게 계획된 캠퍼스 견학은 과거에 비해 그다지 길지 않았지만, 스톤 박사가 말한대로 "학교에 생기를 불어 넣어 주려고" 새로운 경로와 그에 대한 설명이 추가됐다. 예를 들어, 새로이 생긴 견학 코스는 계단식 강의실에서 시작했는데, 그곳은 대학의 졸업식이 열리고, 4년 뒤에 그 자리에 있을 예비 학생들의 모습을 볼 수 있는 곳이다. 과학 강의가 열리는 캐논 건물에서는 입학처의 안내원들이 웨슬리 대학에서 강의하면서, 오늘날에도 사용되는 항상 식별 시스템을 발명했던 저명한 여성 천문학자 애니 J. 캐논에 관한 이야기를 들려준다. 그리고 지역 어린이를 위한 교육 프로그램을 제공하는 캠퍼스 지역 사회 학교에서는, 교사 지망생들이 캠퍼스 안에 있는 강의실에서 현장 경험을 자세히 살펴볼 수 있었다. 웨슬리에서 무대는 예비 학생들에게 대학의 가치를 설득하는 데 도움을 주었다.

  무대에 의해 전달되는 메시지를 잘 이해하기 위한 한 가지 연습 방법은 내가 애용하는 상점을 머리에 떠올리거나, 더 좋은 방법은 실제로 가보는 것이다. 자동차를 몰고 정문까지 가서 간판과 조경을 살펴보라. 그것들이 상점 안에서 하는 비즈니스에 대해 어떤 인상을 전달하고 있는가? 상점 안으로 들어가 보자. 입구를 살펴보자. 이동하는 방법이 명확한가? 상점은 청결하고 정리가 되어 있는가? 이 회사에 대해 상점은 무엇을 말해주는가? 구매 절차가 진행되는 동안 계속해서 무대를 관찰한다. 단계마다 무대가 내게 무엇을 말하고 있는지 생각해보라.

이제 다시 여러분의 회사로 돌아간다. 여러분의 고객처럼 회사에 들어가 보고 이를 반복한다. 여러분의 무대는 고객에게 무슨 말을 하고 있는가?

때때로 고객의 눈을 통해 바라보게 되면 관점의 변화가 생긴다. 디즈니의 이매지니어들은 어린이의 시선으로 공원을 경험하기 위해 무릎 보호대를 착용하고 기어서 공원을 돌아다닌다고 한다. 앞으로 매직킹덤에 있는 메인 스트리트를 걸을 기회가 생긴다면, 상점의 유리창이 얼마나 낮게까지 만들어 놓았는지 관심을 가져보기 바란다. 어른들만큼이나 아이들도 편히 볼 수 있게 되어 있다.

존 헨치가 밝힌 것처럼, 무대를 통해 이야기하는 것은 세세한 곳까지 이해하고 있다는 의미이다. 무대의 모든 사소한 부분까지 양질의 서비스를 지원하지 않는다면 기업은 고객에게 양질의 서비스에 관한 믿을 만한 메시지를 보낼 수 없다. 쓰레기통이 넘치거나 나무가 죽어 있는 모습은 제품의 품질이나 고객에 대해 얼마나 관심을 기울이고 있는지에 대한 메시지의 효과를 한 순간에 약화

시킨다. 글자가 빠져 있거나 철자가 잘못 표기되어 있는 표지판은 고객에게 우리 회사에 관해 무언가를 말해준다. 링크가 깨져 있거나 제대로 표기되지 않는 웹사이트는 부정적인 메시지를 전달한다. 고객에게 어떤 이야기를 전해줄 때는 우리의 무대가 이야기에 도움이 되는 메시지를 전달하고 있는지 확인해야 한다.

고객 경험 인도하기

무대는 고객의 마음에 단순히 어떤 인상을 남겨서 내가 들려주는 이야기를 강조하는 것보다 많은 일을 한다. 고객이 서비스 경험을 하는 동안 고객에게 도움을 줄 수 있다. 무대에 있는 신호들은 그들이 어디에 있고 어디로 가는지 알게 해주어 고객을 인도한다. 그러한 신호는 변화를 표시하여 방향을 제공한다. 무대를 구성하는 요소가 고객에 대한 지시로 사용될 때 우리는 그러한 요소들이 고객 경험을 인도한다고 말한다.

매직킹덤에 왔던 사람이라면 누구나 디즈니 테마파크가 중심부 주위에 배치되어 있다는 것을 알고 있다. 이러한 설계는 월트 디즈니가 디즈니랜드에서 고객을 인도하기 위해 처음 사용했던 것을 그대로 가져온 것이다.

"이곳은 디즈니랜드의 중심입니다. 여기서 우리는 네 왕국으로 갈 수 있습니다." 1955년 개막 준비 행사에서 월트는 나중에 그의 전기를 집필한 밥 토머스에게 설명했다. "부모들은 아이가 다른 곳에 가 있는 동안 이곳에 있는 그늘에 앉아 있을 수 있습니다. 저는 모든 장소가 중심부와 직접 연결되도록 디자인했습니다. 다들 경험하셨으리라 생각합니다만, 세계 박람회 같은 곳에 가면 우리는 발이 아플 때까지 걷습니다. 저도 늘 그러는데요. 이곳에서는 발이 아프지 않기를 바랐습니다. 발이 아프면 피곤해지고 짜증이 나거든요. 이곳을 떠날 때도 발이 멀쩡했으면 좋겠습니다. 모든 곳을 다 가볼 수 있으면서도 3킬로미터 이상을 걷지 않기를 바랐습니다."

월트의 허브 디자인은 발을 편하게 하는 것보다 많은 역할을 한다. 허브는 고객에게 방향을 알려준다. 예를 들어, 월트 디즈니 월드의 매직킹덤에서 공원 입구는 한 곳이며, 이곳은 메인 스트리트 USA로 이어진다. 메인 스트리트에서는 앞으로 가는 길만 있어 허브를 향해 가게 되고, 허브는 공원의 모든 랜드와 직접 연결되어 있어 공원 어디서나 이 지점으로 직접 되돌아올 수 있다. 허브 너머로는 공원 어디서나 잘 보여 표지판 역할을 하는 신데렐라 성이 있다. 미키의 십계명에서 명시한 것처럼, 허브는 매직킹덤의 모든 시각적 자석 중에 가장 중요한 위니이다.

고객들은 매직킹덤 안에 있는 랜드 사이를 이동할 수도 있다. 그리고 랜드 사이를 이동할 때 고객들은 영화에서 빌려온 또 다른 개념인 교차 디졸브cross-dissolve를 경험한다. 교차 디졸브는 다음 장면으로 넘어갈 때 사용되는 것이다. 디즈니 이매지니어들은 공원에서 교차 디졸브가 어떻게 작동하는지에 대해 다음과 같이 설명한다.

메인스트리트에서 어드벤처랜드로 가는 길은 비교적 짧은 거리지만, 주제와 이야기가 엄청나게 바뀌는 경험을 하게 된다. 변화가 매끄럽게 연결되기 위해 주제에 따른 나뭇잎이나 색상, 음향, 음악, 건축 등이 점차 뒤섞인다. 발바닥에서도 도로를 통해 노골적으로 무언가 새로운 것이 나타나고 있다는 변화를 느낀다. 냄새 또한 차원의 변화에 한몫하는 것 같다. 어드벤처월드에 입장할 때 무더운 여름에 부는 산들바람에서 향긋한 열대식물과 이국적인 향신료의 냄새가 날지도 모른다. 이러한 모든 변화를 경험하게 되면 교차 디졸브 전환이 마무리된다.

서로 다른 두 지역 사이의 공간을 비롯해서 일하는 곳 주변에 있는 주차장이나 대기실 같은 공간들은 무대를 이용하여 서비스를 전하는 특히 중요한 장소이다. 고객들은 대개 이러한 중간에 끼어 있는 지역에 대해서는 기대하는 바가 적기 때문에, 조금만 노력해도 의외의 감동을 줄 수 있다.

중심부의 허브와 교차 디졸브는 디즈니 공원에서 무대가 어떻게 고객을 이끄는지에 대한 두 가지 주요 사례지만, 고객을 이끌어주는 무대의 신호는 더 많이 있다. 조경은 중요한 방향 지시 장치이고, 표지판은 말할 것도 없다. 색상 또한 방향을 가리키는 신호를 전달한다. 예를 들어, 디즈니 공원에서 이동 아이스크림 상점은 대개 파란색이며, 이는 시원하고 상쾌함을 가리킨다. 이동 팝콘 상점은 빨간색으로 따뜻하게 대접한다는 신호이다.

시카고 대학 병원 및 보건 시스템The University of Chicago Hospitals & Health System, UCH은 시카고 남부 지역에 위치한

451개의 병상을 갖춘 의료 단지로, 〈미국 뉴스 & 월드 리포트〉지가 선정하는 전미 최고 병원에 꾸준히 순위를 올리고 있다. UCH는 디즈니 인스티튜트에서 교육을 받으면서 UCH 서비스 경험의 모든 사소한 부분까지 고민하여 무대의 정의를 병원 시설의 경계 너머까지 확장하여 무대가 전문 직원들만큼 환자를 잘 이끈다는 것을 확인했다.

"우리는 집에서 나와 다시 집까지 들어가는 경험을 플로차트로 표현했다. 심지어 고속도로 표지판이 어떻게 되어 있었는지와 어떤 종류의 물자가 미리 지원됐는지까지 나타냈다." 당시 부사장이자 UCH 선진 병원 임원이었던 제프 화인실버가 설명했다. "우리는 또한 대리주차 서비스를 만들었습니다. UCH 선진 병원은 현재 시카고 전역에서 가장 붐비는 대리주차 서비스를 운영하고 있습니다. 우리는 또한 실내장식을 일관적으로 유지하고 방문객들이 편리하게 이용할 수 있도록, 구름다리식 표지판에서 엘리베이터 및 홀 표지판에 이르는, 고객에게 보이는 것부터 고객에게 보이지 않는 것까지, 모든 건축물의 형태에도 관심을 기울였습니다."

무대를 길을 안내하는 도구로 이용할 때 그 대상이 물리적인 공간에만 국한되지는 않는다. 이는 가상 세계에서도 효과가 있다. 우리는 모두 전화를 걸었을 때, 상대방이 자동응답 시스템을 이용해 서로 전화를 돌리다가 결국 막다른 곳에 이르러 전화를 끊거나 다시 전화를 걸어야만 했던 경험이 있을 것이다. 고객이 우리 회사에 전화를 걸었을 때 고객들이 제대로 원하는 곳과 통화하는 경우가 얼마나 될까?

웹사이트는 더 큰 짜증을 유발할 수 있다. 온라인에서 쇼핑을 하는 사람이라면 모두 장바구니를 가득 채웠는데, 계산을 하는 도중 모두 날아 가버린 경험이 있을 것이다. 우리 회사의 웹사이트는 고객에게 직관적으로 디자인되었는가? 웹사이트가 고객이 거래하는 도중에 끊기는 것은 아닌가? 고객과 접하는 곳마다 무대는 관리되어야 한다.

오감에 호소하기

고객 경험을 개선하기 위해 배경을 충분히 활용한다는 의미는 오감을 모두 고려하여 디자인한다는 뜻이다. 사람들은 주변 환경을 이해하고 시각과 청각, 후각, 촉각, 미각을 통해 감각을 수집한다. 감각은 모두 고객을 위해 만들어진 공연을 지원하고 개선할 기회를 제공한다.

시각

인체의 감각기관 중 약 70퍼센트가 우리의 눈에 존재하기에 시각은 배경 정보를 가장 많이 전달한다. 이미 살펴본 사례에서 본 것처럼, 디즈니 파크는 고객이 어디서 보더라도 기쁘고 재미있는 모습을 보여주도록 디자인된 것이 분명하다. 시선이 주요한 고려사항인 것이다. 보이는 것과, 마찬가지로 중요한 보이지 않는 것이 호텔 창문을 비롯해서 시설 내부의 어느 곳에서도 세심하게 계획된 것이다.

색상은 공원 전체를 고려했다. 예를 들어, 많은 고객이 월트 디즈니 월드 내부와 주변 공용 도로에 있는 방향 표지판에 보통 잘 쓰이지 않는 자주색 및 빨간색을 사용한 것에 한 마디씩 한다. 실험적으로 서로 다른 색의 깃발을 사용한 적이 있었는데, 고객에게 어떤 색이 가장 기억에 남는지 물었을 때 가장 많이 나온 대답이 자주색과 빨간색이었다.

이매지니어들은 색상 사용의 전문가들이며, 색상마다 고객에게 미치는 영향을 정의한 "색상 사전"을 가지고 있다. "서로 다른 프로젝트에는 서로 다른 색상을 사용해야 합니다." 월트 디즈니 이매지니어링의 콘셉트 디자인 및 일러스트레이션 임원이었던 니나 레이 본Nina Rae Vaughn이 설명했다. "'재미fun'를 전달하는 프로젝트라면, 디즈니랜드 미키의 툰타운Toontown에서처럼, 실험적으로 밝은 색을 이용하여 가장 어두운 색을 배경으로 가장 밝은 색을 적용해보겠습니다. '인디애나 존스의 모험'처럼 '모험'을 이야기하는 아이디어라면 액션과 흥분을 강조하는 색을 사용할 것입니다. 강렬한 빨간색과 오렌지색에 푸른색 계열의 보색을 음영으로 사용해서 강렬함을 더욱 강조할 겁니다."

음향

소리는 끝없이 변하는 음조, 음질, 음량의 진동에 의해 생긴다. 환경을 디자인하는 단계에서 고객에게는 듣기 좋은 소리만 들리도록 해야 한다. 만일 디즈니랜드의 "이츠 어 스몰 월드" 같은 놀이기구에서 들었던 선율이 사라지지 않았던 경험이 있다면, 무대에서 소리의 힘을 알 것이다. 존 헨치가 했던 말처럼 "사람들은 그 노래를 흥얼거리며 놀이기구 밖으로 나오지 않는다."

디즈니 파크에서 음향 시스템이 얼마나 복잡해질 수 있는지 알아보려면 메인스트리트에서 벌어지는 행진에서 나는 소리를 들어보라. 월트 디즈니 월드에서는 단 한 명의 직원이 믹싱 보드 제어장치를 이용해서 행진의 오디오 부분을 제어한다. 차량에 설치된 스피커는 행진하는 길을 따라 설치된 175개의 스피커와 동기화되어 내가 어느 곳에서 행진을 보더라도 정확한 소리를 듣게 된다. 어떻게 움직이는 차량에서 나는 소리와 행진하는 길 위의 소리가 나란히 일치할 수 있을까? 행진하는 경로에는 33곳의 사운드 존이 있고, 메인스트리트에는 센서가 내장되어 있다. 차량이 센서를 작동시키면, 그 차량에 해당하는 사운드 트랙이 차량을 따라 "움직이는" 것이다.

 고객들만 소리에 반응하는 것은 아니다. 출연진도 반응한다. 홍콩 디즈니랜드에 RFID 기반의 셀프 서빙 시스템으로 출연진이 의상을 구할 때 사용하는 "코스튬매직 CostuMagic"을 설치했을 때 소리는 필수적인 역할을 했다. 직원들이 키오스크에 있는 스캐너를 이용해서 의상을 확인할 때 풍선이 터지는 것 같은 소리가 나면 스캔에 성공했다는 뜻이다. 확인이 끝나면 팅커벨이 방울을 딸랑이는 소리가 나며 완료 신호를 보내준다. "우리는 직원들이 의상을 확인할 때 마법을 느끼게 하고 싶었다." 의상 관리자 순 쿠안 엽Soon Kuan Yeap이 설명했다. 의상 확인에서 의상이 바뀌거나 크기 등에 문제가 발생하면 버저가 울려 출연진과 부서의 의상 담당자에게 도움이 필요하다는 것을 알려준다.

후각

인간의 코에는 대략 500만 개의 수용 기관이 있다. 그리고 코에서 뇌까지의 거리는 짧다. 냄새는 장기 기억에 저장된다. 실제로 과학자들은 단어와 냄새를 연관지어서 생각하면 단어를 더 잘 기억할 수 있다는 사실을 발견했다.

디즈니 파크에서 냄새는 마법 같은 기억을 전달하는 데 사용된다. 우리는 이미 매직킹덤으로 입장하는 터널에 있는 팝콘 카트에 대해 언급한 바 있다. 오전 8시 30분에는 팝콘이 많이 팔리지 않지만, 상인들은 벌써부터 팝콘을 튀기고 있다. 팝콘의 냄새는 "살아 있는 영화"라는 파크의 메시지를 전달한다. 조금 더 들어가면 메인스트리트에 있는 빵집에서 의도적으로 갓구운 빵의 냄새를 거리로 내뿜어 미국의 작은 마을 이야기를 뒷받침해준다.

촉각

피부는 인간의 몸에서 가장 큰 기관이며, 촉각은 그곳

에 나타나는 감각이다. 손, 발, 얼굴 등을 통해 인간은 환경과 환경에 속한 대상에서 느껴지는 수많은 촉각 데이터를 받게 된다. 디즈니 파크에서 촉각은 인도와 놀이기구, 호텔, 레스토랑 등을 비롯하여 다른 모든 곳에서도 고려되었다.

물과의 접촉은 상당수 디즈니의 놀이기구에서 필수적인 부분이다. 월트 디즈니 월드에서는 물이 관객에게 튀어 디즈니의 할리우드스튜디오 옥외 촬영지 견학Disney's Hollywood Studios Backlot Tour과 짐 핸슨의 머펫 3D 쇼Jim Henson's Muppet*Vision 3D show를 구경하는 동안 카타스트로피캐넌Catastrophe Canyon에서의 경험을 고조시켜준다. 워터파크와 리조트 풀에서는 촉각에 관한 모든 것을 느낄 수 있다. 젊은 고객들은 시설 내부에 여기저기에 보이는 깜짝 분수를 좋아한다. 그들은 다음 물줄기가 어느 곳에서 언제 나올지 맞추려고 애쓰며 시간을 보낸다.

촉각, 혹은 촉각이 느껴지지 않는 것은 우리가 공포의 환상특급에서 엘리베이터가 13층에서 발밑으로 추락할 때 느끼는 감각이기도 하다. 그러한 경험을 강화하기 위해 이매지니어들은 자유낙하 속도보다 더 빠르게 떨어지게 만들었다.

미각

인간의 입에는 약 만 개의 미뢰가 있다. 그리고 모든 미뢰에는 대략 50개의 미각 세포가 있어 데이터를 뇌에 전달한다. 월트 디즈니 월드의 식당들은 다양한 종류의 식사를 통해 그 많은 세포를 최대한 충족시켜준다.

디즈니 파크 및 리조트에서는 수백 곳의 레스토랑에서 어마어마하게 다양한 음식을 선택할 수 있을 뿐 아니라, 무대에 따라 메뉴가 바뀐다. 프론티어랜드의 칠면조 다리에서 디즈니 보드워크의 쫀득한 사탕에 이르기까지, 미각은 고객의 취향은 물론이고 배경에 따라 달라진다. 월트 디즈니 월드의 엡콧의 월드 쇼케이스는 약 2킬로미터 정도의 전 세계의 요리를 맛 볼 수 있는 곳이다. 몇 걸음만 걸어가면 일본의 스시부터 이탈리아의 방금 만든

파스타까지 즐길 수 있다.

  시각, 청각, 후각, 미각, 촉각. 양질의 서비스를 디자인하고 전달한다는 것은 고객의 오감에 모두 호소한다는 의미이다.

무대 위와 무대 뒤

배경을 이용하여 양질의 고객 경험을 전달하는 데 고려해야 할 주요한 또 다른 요소는 무대 위와 무대 뒤를 구별하는 것이다. 1장에서 우리가 실용적인 마법에 관한 개념을 소개할 때 디즈니 파크 및 리조트에서 무대 위에 있는 것과 무대 뒤에 있는 것 사이의 구별에 대해 이야기했다. "무대 위"는 파크 내부에 있는 모든 공공 지역으로, 고객들이 마음대로 돌아다니고 서비스가 전달되는 곳이다. "무대 뒤"는 고객들이 다니지 않는 무대 뒤의 지역이자, 시설을 운영하는 모든 메커니즘과 기술(그리고 그것을 운영하는 모든 사람)이 자리하고 출연진이 자유롭게 움직이며 무대 위로 나갈 준비를 하는 곳이다. 양쪽 모두 전체적인 배경의 부분이다.

무대 위와 무대 뒤를 분리해야 하는 가장 큰 첫 번째 이유는 양질의 서비스 경험을 지원하거나 개선하지 않는 것은 무엇이든 양질의 서비스를 손상시키기 때문이다. 우리가 보고, 듣고, 냄새 맡고, 만지고, 맛 보는 것만큼이나 중요한 것은 우리가 보지 못하고, 듣지 못하고, 냄새 맡지 못하고, 만지지 못하고, 맛 보지 못하는 것이다. 예를 들어, 호텔 손님이 세탁소나 발전소를 볼 필요는 없다. 레스토랑에 가는 사람에게 지저분한 접시가 쌓인 모습은 입맛을 떨어뜨린다. 고객들은 출연진이 나누는 개인적인 대화를 들어서는 안 된다. 기타 등등.

두번째, 무대 뒤 영역을 무대 위 영역과 똑같은 기준으로 디자인하고 유지하는 것은 낭비이다. 실제로, 값비싼 조명설비와 공들여 만든 조형물이 기계식 카트와 지게차가 화물을 나르는 복도에서 멀쩡하게 남아 있을 가능성은 크지 않다.

마지막으로, 고객의 존재는 무대 뒤에서 일하는 직원들에게 방해가 된다. 고장난 회로를 고치는 전기기사에게 고객을 신경쓸 여유는 없다. 직원들의 쉴 자리 역시 중요하다. 하루 내내 무대 위에 있으려면 힘이 든다. 출연진에게 진정한 휴식을 주는 것이 중요하다. 디즈니 파크 및 리조트에 있는 직원 까페와 휴식 공간에서 디즈니

영화와 음악을 듣고 싶지는 않을 것이다. 출연진은 그곳에 와서 먹고 긴장을 푼다. 일하는 시간이 아니기 때문이다.

월트 디즈니 월드의 매직킹덤에서 무대 위와 무대 뒤 구역을 분리하는 것에는 어느 정도 세심한 계획이 필요했다. 지하수면이 지표면 위 또는 가까운 곳에 있는 습지에 건설된 디즈니 파크는 제대로 된 지하실을 갖출 여유가 없었다. 대신, 땅을 높게 만들어 1층을 다목적 용도로 쓸 수 있게 했다. 파크의 공공 영역은 그 위인 2층에 건설되었다. 1층의 무대 뒤 공간은 유틸리도어('다목적utility'과 '복도corridor'를 줄인 말)라고 불렸다. 그곳의 넓이는 36,500평방미터가 넘었고 2.5킬로미터 길이의 복도들이 있었다.

유틸리도어는 업무공간이어서 깨끗하고, 실용적이며, 무대 위에서는 볼 수 없었던 자재와 색상으로 이루어져 있다. 위에 있는 좁은 길과는 다르게 유틸리도어는 직선으로 쭉 뻗어 출연진이 목적지까지 최대한 빠르게 도착할 수 있도록 디자인되었다. 예를 들어, 출연진은 매직킹덤 아래에 있는 유틸리도어를 이용하면 의상을 입고 공원 내의 어느 곳이나 몇 분이면 도착할 수 있다. 그 길에서는 투모로우랜드의 해적이 튀어나올 걱정은 할 필요가 없다.

유틸리도어들은 지면 "위"에 있는 다른 무대 뒤 지역과 연결되어 있다. 이러한 지역은 대개 무대 위 지역에서 불과 몇 미터 정도 떨어진 곳에 있지만, 시각적인 도구를 사용하여 가려놓은 덕분에 손님들은 절대 그들을 볼 수 없다. 예를 들어, 메인스트리트에 있는 옆길들은 대개 직원 전용 구역을 나타내는 정중한 신호와 함께 어울리게 꾸며놓은 문이나 출입구에서 끝난다. 그 문의 반대편은 테마파크라기보다는 슈퍼마켓이나 공장의 뒷편처럼 보인다. 파크 내부에서의 시각은 세트 자체의 디자인에 의해 막혀 있다. 어떤 건물이 그 시선을 막기 위해 2층이 필요하다면 지어질 것이다.

독일 폴프스부르크에 기반을 둔 폭스바겐 그룹은 뉴비틀 출시를 기념하기 위해 월트 디즈니의 배경을 그대로 가져와, 무대 위와 무대 뒤의 구별을 폭스바겐 시장 개념에 적용했고, 그런 다음 전 세계 대리점을 위한 이상적인 디자인에 적용했다. 시장 계획의 한 가지 특징은 영업 직원을 위한 무대 뒤 영역을 건설하는 것이었다. 이곳은 그들이 무대를 벗어나 휴식을 취하거나 식사를 하는 곳이다. 또 회의와 교육을 하는 자리 역할도 한다.

"영업사원들은 고객에게 무례하게 보이지 않으면서 마음 편히 쉴 곳이 필요하다. 그래서 이러한 기능을 무대 뒤로 옮겼다." 현재 미국 폭스바겐의 남부 지역 마케팅 관리자인 빌 겔고타가 설명했다. "우리는 디즈니처럼 우리의 환경을 통제하고 싶어요. 전 세계적인 설계 기준은 고객이 원한다고 생각하는 경험을 우리가 통제하고 강화하는 데 도움을 준다."

무대 위와 무대 뒤 영역 사이의 분리에 대한 디즈니의 강조에도 불구하고, 손님들이 무대 뒤를 보고 싶어 한다는 사실은 약간 역설적이다. 그들은 디즈니 파크 및 리조트의 이야기가 어디에서 힘을 얻는지 매우 궁금해 하는 것이다. 장막 뒤의 모습을 보고 싶다는 반복되는 요청에 우리는 다수의 무대 뒤 견학 프로그램을 만들었다. 무대 위의 공연처럼 신중하게 대본을 준비했음은 물론이다. 고객이 우리 제품과 서비스가 어떻게 만들어지는지 알고 싶어 한다면, 잘 다듬어진 무대 뒤의 모습이 고객의 서비스 경험을 개선하는 방법일 것이다.

폭스바겐 그룹 역시 대리점의 무대 뒤 모습을 보고 싶다는 고객들의 바람을 수용했다. 폭스바겐은 신차를 구입하는 데는 한 두 시간이 걸리지만, 고객들이 차를 소유하는 동안에는 서비스 부서에서 소비하는 시간이 훨씬 많다는 사실을 이해했다. 그 결과 고객들은 자동차를 구입할 때 대리점의 뒤에서 진행되는 서비스 요소가 무대 위에서 진행되는 영업 요소만큼 기분 좋게 진행된다는 것을 보장받고 싶은 것이다.

자동차제조사들은 그러한 보장을 이상적인 대리점 환경에 포함시켰다. 폭스바겐 시장의 중요한 디자인 요소 가운데 하나는 서비스 부서에 매장을 개방하는 것이었다. 이러한 방식으로 신규 구매자들은 대리점의 서비스 영역을 보고 서비스를 받기 위해 방문했을 때 어느 곳에서 시간을 보내게 될지 알 수 있었고, 자동차를 인도할 준비하는 모습을 볼 수 있었다. 영업 절차는 영업과 서비스 사이의 매끄러운 연결을 활용하기 위해 재설계되었다. 차를 산 고객에게 서비스 영역을 견학할 기회를 주고 서비스에 관한 조언을 해줄 사람을 소개해주었다.

이 주제를 마치기 전에 고객과 직접 접촉하지 않는 기업이나 부서 역시 무대 위와 무대 뒤의 요소를 가지고 있다는 사실을 주목해야 한다. 그러한 부서의 "뒷문"은 언제나 누군가의 "정문"이다. 그 누군가가 납품업자이든, 동료 직원이든, 입사지원자이든 말이다. 따라서 이러한 상황에서 무대는 관리가 잘 되어야 하고 기업이라는 무대 위에서 무슨 일이 벌어지고 있는지 전달해야 한다. 일부 사회과학자들이 만든 "깨진 창문"이라는 이론에서는 무대 뒤 영역의 상황이 악화되면 무대 위 영역에서 일을 게을리 하는 풍토가 퍼져나갈 가능성이 크다고 말한다.

무대 관리하기

이 장에서는 주로 일반적으로 디자인 및 구축 단계에서 다루는 배경의 요소와 원칙에 대해 설명했다. 하지만 다음 장으로 넘어가기 전에 그보다 더 중요한 주제를 논의해야 한다. 일단 무대를 완벽하게 만들었다면, 그 무대가 사용되는 동안에는 그것을 유지하는 일이 시작되어 지속된다. 유지관리는 무대를 깨끗하게 유지하는 것 이상의 의미를 가진다. 무대가 피해를 입지 않게 보호하고 오래되어 낡은 것을 보수한다는 의미도 담고 있다.

무대 위와 무대 뒤에 대한 현장 경험을 마치고 나면, 디즈니 인스티튜트의 조력자들은 대개 프로그램 참가자들에게 디즈니 파크 및 리조트의 관리를 담당하는 출연진의 규모가 얼마나 될지 예상해보라고 묻는다. 예측한 값은 천차만별이지만, 정답을 들으면 언제나 놀라고 만다. 12만 명에 가까운 사람들이 디즈니 파크 및 리조트의 배경을 관리하고 있다. 모든 출연진에게 관리는 필수적인 부분이기 때문이다. 밥 아이거를 비롯한 모든 출연진이 직급과 무관하게 시설 내에 떨어져 있는 쓰레기 한 조각이라도 그냥 지나치거나 파크에 수리가 필요한 부분이 있으면 절대 방치하지 않는다.

디즈니 파크 및 리조트를 청결하게 유지하는 것은 디즈니 조직 문화의 일부이다. 이는 월트 자신의 버릇에서 유래한 것이다. "제가 처음 디즈니랜드를 시작했을 때 아내가 말했었죠. '그런데 왜 놀이동산을 짓고 싶은 거죠? 지저분하잖아요.' 그게 바로 내가 하고 싶은 말이오. 우리 놀이동산은 지저분하지 않을 테니까."

물론 디즈니의 모든 리조트에는 많은 전담 관리 직원도 있다. 그들은 늘 열심히 배경을 청결하게 유지한다. 거리는 매일, 그리고 레스토랑은 30분마다 청소한다. 메인 스트리트에는 말이 있지만 말의 배설물은 현장에서 즉시 처리된다. 모든 놀이기구가 문제없이 매끄럽게 작동하게 하기 위해서 기술 인력이 항시 대기한다. 파크가 문을 닫은 뒤에는 유지보수 직원들이 더 늘어나 수백 명이 계획된 유지 및 수리 작업을 진행한다.

대규모 조직에서 유지보수는 상당한 비용이 소요되기 때문에 가능할 때마다 무대로 디자인되어야 한다. 기자 스콧 커스너는 월트 디즈니 월드 매직킹덤의 무대 뒤를 보고 경관을 관리하기 위해 도입된 기술에 놀라고 말았다.

기상대에서 나온 데이터에 기반한여, 맥시콤MaxiCom의 PC용 소프트웨어는 600곳의 구역마다 얼마나 많은 물이 필요한지 결정한다. 각 구역에는 최대 10곳의 화단이 있다. 정원사가 디즈니 할리우드 스튜디오에 있는 화단의 꽃이 말라가고 있다는 메시지를 전하면 정원사는 그날 밤 그곳에 전달하는 물의 양을 늘릴 것이다. 강력한 폭풍우가 시설을 통과하게 되면 맥시콤 시스템은 물을 적게 주도록 조정한다. 0.01센티미터 단위로 측정할 수 있는 약 50개의 자동화된 물공급기가 네트워크에 연결되어 시설 전체에 흩어져 있다. "매일 오전 1시 25분, 시설 근처에 있는 클러스터 제어 유니트Cluster Control Unit, CCU에 데이터를 다운로드합니다." 원예 관리자 스콧 슐츠는 말한다. CCU는 약 5만 개의 스프링클러 머리 부분을 통제하는 타이머를 관리한다. 슐츠의 팀은 또한 노트북 컴퓨터와 무선 모뎀이 장착된 차량을 타고 매일 시설을 돌아다니며 가장 정교한 대규모 관개 시설 중의 하나인 시스템의 문제를 해결한다.

동일한 수준의 정교함이 모든 디즈니 파크에 적용된다. 홍콩 디즈니랜드는 1만 8000그루의 나무와 백만 그루의 관목에 물을 공급하는 최신 시스템을 구축했다. 밤에 파크가 문을 닫고 나면 컴퓨터가 수백 개의 스프링클러에 개별 식물의 수요와 날씨에 따라 계산한 양만큼 2.5제곱킬로미터 넓이의 공원에 물을 공급하도록 명령한다. 이 시스템은 기존의 관개 시스템에 비해 40퍼센트에서 45퍼센트 정도 물을 적게 사용하며, 비슷한 테마파크보다 70퍼센트 적은 담수를 사용한다.

출연진과 유지보수 기술이 결합되어, 조경과 시설 전체에 완벽한 상태로 물을 공급할 수 있도록 꾸준히 관심을 집중하고 있다. 결과적으로 무대는 고객 경험을 지원하고 개선하며, 양질의 서비스를 제공한다.

양질의 서비스 신호

무대를 규정하라. 무대는 고객에게 서비스를 전달하는 환경이자, 그 환경 안에 있는 모든 대상이며, 그러한 서비스 환경과 대상을 개선하고 유지하는 데 사용되는 절차이다.

무대를 통하여 이야기를 전하라. 고객의 입장에서 우리 기업의 서비스를 경험해보라. 우리의 환경을 관찰하고 지적하고, 말하고 싶은 서비스 스토리에 따라 메시지를 조정하라.

무대를 이용하여 고객의 경험을 인도하라. 무대의 지시적인 측면을 고려하라. 우리 기업의 물리적인 구조(또는 웹사이트나 콜센터)와 실내 디자인, 표지판이 고객에게 좋은 서비스를 전달할 수 있도록 유지해야 한다.

양질의 서비스를 오감을 통해 전달하라. 고객들은 오감을 모두 사용하여 우리 기업에 대한 인상을 쌓아간다. 시각, 청각, 후각, 촉각, 미각을 통한 우리 기업에 대한 고객 경험이 우리의 기대와 주제에 일치해야 한다.

무대 위와 무대 뒤를 구별하라. 고객과 무관한 비즈니스 기능은 서비스를 전달하는 데 방해가 되지 않도록 보이지 않게 한다. 직원이 휴식할 수 있는 무대 뒤 공간을 마련해준다.

꾸준하고 종합적인 노력을 통하여 환경을 유지한다. 디자인 단계에서 유지보수를 환경에 포함시킨다. 모든 직원이 유지보수에 참여하도록 요청한다.

프로세스의 마법

차고 안의 소년에서 많은 기업의 전설이 시작됐다. 애플 컴퓨터, 아마존닷컴, 시스코 시스템즈 등은 모두 창립자의 집에 있는 차고에서 시작됐다. 월트 디즈니 역시 차고에 있던 소년이었다.

1920년 18세였던 월트 디즈니는 동네 영화관에서 본 영화 광고에 쓸 그림을 그리고 있었다. 월트의 트레이드 마크가 되는 그 그림을 그리면서 그는 원시적인 기술이 발목을 잡는다고 생각했고, 1분 정도 길이인 광고의 품질을 개선하기 위해 자신과 그 회사의 사장이었던 A. 번 코거를 압박했다. 월트는 심지어 코거에게 정지 동작 카메라를 빌려 동생 로이와 함께 차고에 급히 만든 "스튜디오"에 가져다 놓았다.

그 결과 켄사스시티의 불량한 도로 환경을 풍자한 100미터 길이의 만화영화가 탄생했고, 월트는 1미터당 1달러에 뉴먼씨어터컴퍼니에 팔았다. 관객들은 월트의 만화영화를 매우 좋아했고, 월트는 매주 제작에 참여했다. 《뉴먼 래프 오 그램 Newman Laugh-O-gram》이 탄생했고, 곧이어 월트는 래프오그램 영화사를 설립했다. 이 회사는 그리 오래 살아남지 못했지만, 월트는 애니메이터가 되었다.

밤에 혼자 차고에서 일했던 월트는 프로세스에 대해서는 많이 생각하지 않았을 것이다. 그러한 초기 애니메이션은 그림을 그려서, 잘라낸 다음, 배경 그림 위에 다양한 자세를 한채 편에 고정한 다음, 사진을 찍었다. 결과적으로 영화는 조잡했고, 입체감이 없었으며, 캐릭터는 1차원적이었다. 소리와 색이 들어간 영화는 몇 년 뒤의 일이었다. 월트는 단순하게 주제를 정한 다음, 필요한 분량을 만들 수 있을 만큼 그림을 그려 이어 붙였다. 하지만 젊은 애니메이터 월트에게 자신의 방법에 대해 명쾌하게 설명해달라고 부탁했다면 그는 프로세스, 즉 영화의 스토리를 말하는 정신적인 프로세스와 영화 자체를 만드는 물리적인 프로세스에 대해 설명해주었을 것이다. 월트는 프로세스를 통하여 즐거움을 전달했다.

1930년대까지 디즈니 애니메이션 창작에서 프로세스의 역할은 훨씬 명쾌했다. 미키 마우스의 성공 이후 빠르게 확장하면서 월트는 더 이상 제작중인 모든 만화영화의 모든 디테일을 기억하거나, 모든 창의적 의사결정에 개입할 수가 없었다. 월트는 회사의 일상적인 운영에 접근하는 방법을 공식화해야만 했다. 그래서 그는 엔터테인먼트의 디즈니 브랜드를 생산하여 전달할 프로세스를 구축하기 시작했다.

사람들은 여전히 나를 만화가라고 생각하지만 요즘 내가 펜이나 연필을 드는 경우는 계약서와 수표에 서명하거나 사인을 할 때뿐이다.

— 월트 디즈니

이전에는 월트와 미술가 어브 아이웍스가 사무실에 모여 만화영화 대본과 그림을 창작하곤 했다. 그들은 온전한 한 작품을 들고 나타나 직원에게 건네주며 애니메이션을 제작하게 했다. 이제 만화영화는 한 사람이 주도하기보다는 팀을 기반으로 하는 창작 과정을 통해 대본과 그림을 창작한다. 융통성 있는 제작 단위를 결성하여, 그 안에서 감독은 전체 프로젝트를 관리하고, 스타일리스트는 분위기와 환경을 만들어내며, 작가는 이야기를 들려주고, 스토리 스케치맨은 대략적인 그림을 그린다. 작품에 등장하는 캐릭터가 개발되고, 캐릭터의 목소리와 몸을 만들고 개선한다. 스토리 스케치와 사운드 트랙을 합쳐놓은 일종의 초벌 영화 한 편이 만들어지고 나서, 완결판 영화를 만드는 작업이 시작된다. 이러한 사전 과정에서 팀원과 월트, 그리고 팀 외부의 사람들은 조사하고 생각하고 토론하고 아이디어를 내놓았다. 그리고 그것은 시작일 뿐이었고, 배치, 애니메이션, 사운드트랙, 촬영 같은 많은 일들이 여전히 남아 있었다.

디즈니의 프로세스는 애니메이션을 길들이는 것이 아니었다. 모든 창작의 노력과 마찬가지로 혼란스러운 상태를 유지했고, 내부인의 말에 따르자면, 계속해서 변화했다. "부단한 노력과 끊임없는 요구에도 월트는 엄밀한 의미에서 조직을 만든 적이 없다. 그가 만든 것은 특별한 능력을 가진 재능 있는 사람들을 느슨하게 모아 놓은 것이었다. 그들은 지속적으로 바뀌는 패턴에서 함께 일할 수 있었다. 최소의 지시와 최대의 헌신으로 그렇게 할 수 있었다. 월트가 원한 것은 가장 효율적인 업무가 아니라 가장 창의적인 노력이었다." 애니메이션의 황금기 동안 디즈니 애니메이션의 감독으로 알려진 9인의 노인들 Nine Old Men 중 두 명이었던 프랭크 토머스Frank Thomas와 올리 존스턴Ollie Johnston이 설명했다. 흥미로운 점은 그들의 설명이 오늘날 많은 기업이 만들기 위해 애쓰는 구조와 정확히 일치한다는 것이다. 월트는 프로세스에 기반한 구조를 중심으로 융통성 있는 조직을 구축했던 것이다.

일을 조직화하는 동시에, 에너지와 창의성을 억제하지 않고 오히려 향상시키는 것은 성취하기가 대단히 어려운 일이다. 특히 애니메이션과 같은 틈새 산업에서 그러한 성취를 이루는 것은 흔치 않은 일이다. 때문에 전기 작가 리처드 시켈은 이렇게 썼다. "모든 청년이 그러한 일에 기꺼이 도전했다는 것은 월트의 고집에 대한 영원한 찬사이다. 애니메이션 업계에 뛰어든 많은 사람 중에서 월트만이 거물다운 거물이 되었다는 것(그 중 몇 사람은 결국 약간의 돈을 벌었다)은 그의 뛰어난 조직 능력을 입증하는 것이다."

디즈니랜드를 설계하게 되자 월트는 스튜디오에 적용했던 것과 똑같은 지향의 프로세스를 물질적인 세계에 도입했다. 그런데 한 가지 중요한 차이가 있었다. 애니메이션 영화를 만들 때는 먼저 대략적인 전 과정을 거쳐 제작한 다음 반복해서 볼 수 있었다. 테마파크는 각 과정이 연속적으로 흘러가 매번 똑같은 결과가 나와야만 했다. (사실 테마파크는 특이한 공정으로 이루어진 산업이다. 석유나 화학물질을 생산하는 대신 엔터테인먼트가 결과물이다.) 월트는 살아 있는 영화에서 양질의 서비스를 전달하는 열쇠는 무결점 공정과 그것의 반복이라는 사실을 알고 있었다.

하나의 표준화된 상품을 전달하는 과정을 반복해서 수행하는 일에는 애니메이션 영화처럼 단일한 상품을 만드는 일에 없는 한 가지 큰 장점이 있었다. 그리고 월트는 즉시 그것을 알아차렸다. 그는 기자에게 말했다.

놀이공원은 제게 커다란 의미가 있습니다. 그것은 제게 계속해서 개발하고, 추가해야 할 절대 마치지 못할 무언가입니다. 놀이공원은 살아 있는 생물입니다. 그렇기에 변화가 필요합니다. 그림을 마무리해서 테크니컬러(컬러영화를 제작하는 기술을 서비스하는 회사—옮긴이)에게 전달하면 모두 끝이 납니다. 《백설 공주》는 제게 지나간 일입니다. 저는 실사영화를 몇 주 전에 마무리했습니다. 지나간 일이죠. 저는 거기에 손을 댈 수 없습니다. 거기에는 제 마음에 들지 않는 것들이 있지만 제가 할 수 있는 것은 없습니다. 저는 살아 있는 것, 그래서 성장하는 것이 좋습니다. 놀이공원이 그렇습니다. 내가 여러 가지를 집어넣을 수 있을 뿐 아니라, 나무도 계속해서 자랄 겁니다. 그것은 해마다 점점 아름다워질 것입니다. 그리고 사람들이 무엇을 좋아하는지 알게 되면 점점 더 좋아질 겁니다. 영화는 그것을 할 수 없습니다. 사람들이 그것을 좋아하는지 아닌지 알아내기 전에 끝이 나서 바꿀 수 없기 때문입니다.

월트는 디즈니랜드의 프로세스를 그의 마음에 들도록 조정할 수 있었다. 그리고 그렇게 했다. 그는 이러한 지속적인 개선을 "플러싱plussing"이라고 불렀고, 공원에 있는 모든 곳에 적용했다. 그는 낡은 옷을 입고 농부들의 밀짚모자를 쓰고 아무도 모르게 공원을 돌아다녔다. 당시 프론티어랜드의 관리자였던 딕 누니스는 월트가 찾아왔던 것을 기억한다. 월트는 '정글보트'라는 놀이기구를 타고 시간을 쟀다. 보트 운전사는 빠르게 놀이기구를 운전했고, 모두 7분이 걸려야 하는 코스를 4분 30초에 마쳤다.

"영화를 보러 갔는데 극장에서 영화 절반을 틀어주지 않는다면 어떨 것 같소?" 월트가 물었다. "그 하마가 얼마나 하는지 알아요? 나는 사람들이 하마를 보길 바라지, 일하기 싫은 어떤 직원 때문이 제대로 보지도 못하고 지나치길 바라는 게 아니오."

딕과 월트는 함께 놀이기구를 타고 적절한 시간을 의논했다. 보트 운전사는 스톱워치를 이용하여 정확한 시간을 측정했다. 몇 주가 지난 뒤 월트가 돌아왔다. 그는 서로 다른 운전사와 함께 정글보트를 네 번 탑승했다. 마침내 그는 아무 말 없이 딕에게 "멋진 공연이었소!"라고 말하며 엄지손가락을 쳐들고는 자신의 방식을 계속 유지했다.

"플러싱"은 여전히 디즈니 문화에서 중요한 부분이다. 무언가를 더 잘 만들 수 있다면 된 것이다. 디즈니랜드 파리는 원래 유로 디즈니 Euro Disney라는 이름이었지만 리조트의 대상 고객인 유럽인에게 유로라는 말은 화폐와 무역을 나타냈다. 따라서 디즈니의 대다수 고객의 마음에는 지구에서 가장 행복한 곳에 대한 이미지가 생기지 않았다. 그래서 유로 디즈니라는 이름이 "플러싱"되었다.

1980년대 말 '디즈니 스토어'라는 소매점 체인이 처음 문을 열었을 때, 당시 최고경영책임자였던 마이클 아이스너는 월트의 방식에 따라 주말에 새롭게 문을 연 곳을 찾아가기 시작했다. 그는 디테일을 유심히 살폈고, 기준 이하의 상품은 제거하고 고객의 관점에서 조명과 전시, 서비스 경험을 분석했다. 당시 디즈니 대표이자 최고조직책임자였던 고 프랭크 G. 웰즈Frank G. Wells는 매장들이 서비스 기준을 채택하고 전통적인 직원 교육을 해야 한다고 주장했다.

두 명의 임원은 성공적으로 소매점 체인을 구축하려면 디즈니의 이름에 부응하고 모든 신규 매장에 이식할 수 있는 표준화된 프로세스가 필요하다는 것을 알고 있었다. 그리고 그때 마이클이 했던 말처럼 "보스가 신경 쓰는 일이면, 모든 사람이 신경 쓴다." 프로세스를 구축하고 폴리싱을 하는 노력은 보상을 받았다. 1991년에는 125곳의 매장에서 3억 달러 이상의 매출을 올렸다. 2010년 디즈니 스토어의 매장은 350곳이 넘었고 연매출은 10억 달러에 이르렀다.

프로세스와 연소

프로세스는 넓은 의미에서, 결합되어 어떤 결과를 낳는 일련의 행동이나 변화, 혹은 기능이다. 프로세스는 인간(출연진)과 물리적 자원(무대)을 다양한 방법으로 결합하여 서로 다른 결과를 낳는다. 자동차는 조립 라인에서 특정한 순서에 따라 부품과 노동력을 결합하는 프로세스를 이용하여 생산된다. 맹장수술은 의료 인력과 수술실을 행위의 연속에 따라 결합하는 프로세스를 이용하여 수행된다. 모든 조직은 프로세스를 모아 놓은 것으로 생각할 수 있다.

프로세스는 결과를 전달한다. 즉, 제품이나 서비스 같은 생산물을 전달한다. 사실 대다수의 산업과 제도에서 서비스 전달의 4분의 3 이상이 프로세스에 기반한다. 그리고 양질의 서비스는 전달이 전부이기 때문에 프로세스에 특별한 관심을 기울이는 것이 매우 중요하다.

양질의 서비스 나침반에서, '프로세스'는 서비스를 전

달하기 위해 사용되는 정책과 업무, 프로세스로 구성된다. 프로세스를 하나의 철도 기관차라고 생각해보자. 기관차가 제대로 달리지 않으면 승무원이 아무리 친절해도, 혹은 객실차량이 아무리 멋지다 해도 소용이 없다. 기차는 여전히 움직이지 않을 것이고 승객은 요금을 내지 않을 것이기 때문이다. 프로세스는 양질의 서비스에서 기관차 역할을 한다.

 기관차의 비유를 더 확장하여 기관차의 작동에 대해 이야기해보자. 기관차는 연소에 의해 움직인다. 디젤이나 가솔린 기관차는 내부 연소에 의해 동력을 얻는다. 연료는 기관차 내부에서 발화되고 폭발하여 피스톤을 움직인다. 증기 기관차에서는 보일러에 있는 엔진 외부에서 연소가 일어나 압축된 증기를 생성하여 피스톤을 움직인다. 서비스 프로세스는 증기기관에 더 가깝다. 연소는 외부에서 (고객에 의해) 일어난다. 연소는 고객의 만족과 지속적인 거래, 추천 등에 의해 나타난다. 양질의 서비스를 하기 위해서는 고객에 의한 연소가 최고이다. 고객이 엔진에 동력을 공급해주면, 프로세스가 제대로 고객의 니즈에 초점을 맞추고 있다는 의미인 것이다.

서비스 프로세스가 매끄럽게 돌아간다면, 서비스 프로세스의 핵심 연소점이 통제되고 있는 것이다. 양질의 서비스가 문제없이 전달되면 모두가 만족스럽다. 하지만 연소점이 통제 불능이라면 서비스 프로세스는 의도한 결과를 얻지 못한다. 고객들은 불편을 겪게 되고, 문제가 해결되지 않으면 연소점에서는 폭발이 일어나기 십상이다. 연소점을 찾아내고 통제하는 것은 프로세스를 통한 서비스 전달에서 매우 중요한 부분이다.

핵심 연소점을 찾아내는 가장 좋은 방법은 고객을 연구하는 것이다. 고객은 무엇에 대해 불만인가? 서비스를 경험하는 동안 막히는 곳은 어느 곳인가? 고객이 우리 회사와 대화할 때 겪는 공통적인 문제는 무엇인가? 이러한 질문에 대한 답이 연소점에 관한 진술이다. 연소점에 관한 진술은 마법 같은 서비스를 제공하기 위해 다루어야 할 프로세스 문제에 대한 중요한 단서를 제공한다.

고객들의 불만 몇 가지를 조사해보자.

- **"너무 오래 걸려요!"** 고객 서비스를 받는 데 너무 많은 시간을 허비해 본 경험이 있거나 패스트푸드 음식점에서 오래 기다려 본 사람이라면 이러한 한탄에 익숙할 것이다. 이것을 무엇을 가리키는 것일까? 우리에게 서비스 경험의 흐름에 해결해야 할 문제가 있다는 사실을 말하고 있는 것이다.

- **"답을 아는 사람이 없어!"** 우리는 모두 어떤 질문에 대한 답을 찾기 위해 이곳저곳을 오락가락하는 고객을 접해본 적이 있다. 이런 말이 들린다면 직원과 고객 사이에 의사소통 프로세스에 문제가 있다는 뜻이다.

- **"제 경우는 달라요!"** 표준화된 프로세스를 만드는 것이 일반적인 고객에게는 아주 좋은 방법이지만, 고객에게 특별한 요구나 니즈가 있다면 어떻게 해야 할까? 이런 말이 들린다면 프로세스 자체가 특정한 고객에

게는 도움을 주지 못한다는 뜻이다.

- *"딜레마에 빠졌어요!"* 마지막으로, 프로세스는 오류가 절대 없을 수는 없다. 때로는 계획된 대로 동작하지 않는다. 이런 말이 들린다면 어떤 프로세스에 원인을 밝혀 바로잡아야 할 문제가 있다는 뜻이다. 더 복잡한 딜레마일수록 문제 해결은 신중해야 한다. 어쩌면 고객학 연구나 산업공학자 같은 전문적인 직원의 도움이 필요할 수도 있다.

이러한 연소점에 관한 진술은 디즈니 파크 및 리조트에서 흔치 않은 일이 아니다. 여러분 역시 고객에게 들어보았을 것이다. 그것은 이러한 사례가 보편적인 네 가지 서비스 프로세스 문제와 연관이 있기 때문이다. 고객의 흐름, 직원과 고객 사이의 의사소통, 특별한 니즈가 있는 고객, 잘못된 프로세스 디자인 등이 그것이다. 이러한 문제는 서비스 프로세스에서 볼 수 있는 전형적인 연소점이며, 이 장의 나머지 부분에서 연소점이 폭발점이 되지 않게 하는 방법에 대해 자세히 살펴볼 것이다.

고객의 흐름

"이 줄은 너무 길어요!" 고객들은 긴 줄을 싫어한다. 실제로 줄이 길다는 말은 테마파크 업계에서 가장 자주 듣는 고객의 비판이다. 디즈니랜드의 개장일(월트 디즈니가 나중에 "블랙 선데이"라고 불렀다) 고객의 흐름은 대재앙이었다. 위조된 입장권은 초대 받은 사람만 참석하기로 계획된 행사를 추정 인원 3만 3천명이 등장하는 군중장면으로 바꿔놓고 말았다. 정문에서 10킬로미터 이내에 있는 도로는 모두 꽉 들어차 있었다. 블랙 선데이 이후에 월트가 던진 질문은 어떻게 하면 그러한 줄을 더 잘 관리할 수 있는가였다.

너무 긴 줄은 고객 경험의 흐름과 관련된 서비스 프로세스의 문제이다. 웹사이트를 운영하는 경우에, 로딩속도가 느린 페이지나, 갑작스런 고객의 활동을 처리하지 못해 과부하가 걸린 서버 때문에 서비스의 흐름이 방해 받을 수 있다. 제조회사를 운영하는 경우에는, 특정 조립작업이나 부품 부족, 비효율적인 기계 때문에 생산 흐름이

막힐 수 있다. 어떤 특별한 서비스나 제품이 전달된다 하더라도, 대기 시간은 우리 모두가 싸워야 할 적이다.

대기 시간이라는 난제에 대한 해결책은 세 가지 서로 다른 범주에 속하는 경우가 많다. 대기 시간을 최소화하기 위해서, 우리는 제품이나 서비스 프로세스의 작동, 고객 자체의 흐름, 줄에 서는 경험 자체를 최적화할 수 있다. 디즈니 리조트 및 파크들은 세 가지 해결책 모두 구현되었다.

- **제품과 서비스 프로세스의 작업을 최적화한다는 것**은 기다림을 최소화하는 방법으로 자산을 관리한다는 의미이다. 고객에게 시설을 평소보다 일찍 혹은 늦게 이용할 수 있게 하는 것을 고려해보라. 또한 어떤 서비스를 다른 서비스보다 미리 개시하거나 핵심 영역을 기타 지역보다 일찍 개장하는 것처럼, 선택적 기준에 따라 이용 시간을 늘려 대기 시간을 줄일 수 있다. 또 다른 아이디어는 우수 고객에게 특별한 이용 권한을 부여하는 것이다. 이 경우에는 충성도

에 대한 보상을 해주는 동시에 대기 시간도 줄일 수 있다.

월트 디즈니 월드의 운영을 최적화하기 위해 설계된 '엑스트라 매직 아워스Extra Magic Hours'라는 프로그램이 있다. 매일 네 곳의 테마파크 중 한 곳은 한 시간 일찍 문을 열고, 리조트에 묵는 손님을 위해 평소보다 최대 세 시간 늦게 문을 닫는다. 이는 소중한 고객 집단에게 비교적 덜 붐비는 시간에 파크를 경험할 기회를 제공한다. 그리고 가장 붐비는 시간대의 이용객을 감소시키는 부가적인 이득도 있다. 또 다른 사례로 '로프드롭Rope Drop'이라는, 운영을 최적화하는 프로그램도 있다. 이 프로그램은 파크 내의 다른 곳이 문을 열기 전에 선택된 서비스와 식당가, 소매 상점 등의 문을 여는 것이다. 고객들은 일찍 와서 식사, 쇼핑, 아니면 하루를 준비하며, 가장 좋아하는 놀이기구를 탈 준비를 한다.

- **고객의 흐름을 최적화한다는 의미**는 고객들이 서비스 경험을 통해 그들의 움직임을 스스로 관리할 수 있게

하는 것이다. 이러한 기법들은 고객에게 시간이라는 선물을 주기 위해 디자인된다. 이들은 고객이 자신의 시간을 어떻게 쓸 것인지에 대한 선택지를 제공하며, 그러한 선택지를 미리 제공하여 고객이 대기하는 일이 없게 한다. 또한 고객들에게 어떤 선택을 했을 때 얻을 수 있는 이익에 대해 알려주며, 고객의 흐름을 지속적으로 관찰하여 결정을 내리는 데 도움이 되는 정확한 정보를 제공할 수 있게 한다.

디즈니에서 고객들은 직접 디즈니 파크 정문에 도착하기 오래 전부터, 그들이 무엇을 선택할 수 있는지 알아볼 수 있다. 베스트셀러인 『번바움의 월트 디즈니 월드 안내서』는 디즈니에서 휴가를 최대한 잘 활용할 수 있는 방법을 추천해준다. 디즈니 파크에서 제공하는 소책자와 안내서 등도 디즈니랜드를 최대한 잘 즐길 수 있는 다양한 정보를 담고 있다.

디즈니 파크의 중심 지역에서 찾을 수 있는 또 다른 특징은 '팁보드Tip Board'이다. 직원의 아이디어인 팁보드는 디즈니 공원 안에 있는 주요 놀이기구의 현재 예상 대기 시간을 보여준다. 규칙적으로 업데이트되는 팁보드를 이용하여, 고객들은 동선을 계획하여 줄에서 기다리는 시간을 최소화할 수 있다. (팁보드에 표시되는 예상 대기 시간은 약간 길게 표시된다. 대기 시간이 예상보다 긴 것보다는 짧은 것을 사람들이 좋아하기 때문이다.) 손님을 맞이하는 직원들도 손님들의 시간 관리를 도와주는 데 중요한 역할을 한다. 이들은 손님들이 수많은 엔터테인먼트를 즐길 수 있게 안내하는 정보 제공자들이다.

- **줄 서는 경험을 최적화한다는 것**은 고객 경험을 최대화하고 불편을 최소화하기 위해, 최적화하지 않았다면 불가피했을 대기 시간을 관리한다는 것을 의미한다. 그러기 위해서는 대중에 개방하기 전에 제품과 서비스의 대기 시간이 최소화되었는지 테스트해야 한다. 어떤 프로세스를 시작할 때 대기 시간을 명확히 설명하는 것 또한 중요하다. 그리고 앞서 언급한 것처럼, 명시된 최대 대기 시간을 넘지 않도록 최선을 다해야 한다. 어떤 프로세스를 효율적으로 통과하기 위해 고객들에게 지시하거나 대비하게 할 수 있다. 또

대기 시간은 고객에게 정보를 알려주거나 고객을 즐겁게 해주는 기회로 만들어야 한다. 또한 기다리는 시간을 측정하여 기다리는 시간이 고객에게 미치는 영향을 출연진이 이해하게 해야 한다. 팁보드처럼 모든 놀이기구는 각자의 대기 시간을 게시하여 고객이 줄을 서기 전에 볼 수 있다. 그리고 우리는 테마와 엔터테인먼트를 줄 자체의 일부로 만들어야 한다. 출연진은 고객을 즐겁게 하거나, 아니면 줄 서서 기다리고 있는 고객의 시선을 사로잡는 교육을 받았고, 무대는 대기 시간이 짧게 느껴지도록 디자인되었다. 예를 들어, 디즈니 할리우드 스튜디오에서 '짐 헨슨의 머펫 비전 3D 쇼'를 보기 위해 기다리는 고객에게 12분짜리 소개 영상을 보여주어 고객을 즐겁게 해준다. 머펫의 등장인물들이 쌓여 있는 텔레비전 모니터 사이를 누비며 앞으로 보게 될 쇼의 분위기를 돋운다.

지난 몇 년 동안 이매지니어들은 '인터랙티브 줄서기'를 개발하여 줄서기의 경험을 한 단계 높여 놓았다. 예를 들어, 고객들이 '귀신 들린 집'으로 가는 길에 고객들이 지나게 되는 묘지를 확장했고, 인터랙티브 기능이 있는 정교한 지하실이 설치되었다. 예를 들어, 고객들이 작곡가의 무덤에 도착하면 악기가 새겨져 있는 것을 볼 수 있다. 그것을 만지면 음악이 시작된다. '캘리포니아 비행'에서는 줄서는 곳에 동작 감지장치와 열 센서가 장착된 거대한 화면이 있다. 고객들은 놀이기구에 들어가기 위해 기다리는 동안 거기서 비디오 게임을 할 수 있다. 그러한 투자의 이유는 무엇일까? "고객들은 기꺼이 12퍼센트 더 오래 기다렸습니다. 인터랙티브 경험 때문이죠." 월트 디즈니 리조트 및 파크의 연구 부문 부사장 로리 조개나Lori Georganna가 설명했다.

마지막으로 디즈니 리조트 및 파크는 놀이기구를 일반인에게 개방하기 전에 대기 시간을 테스트하고 줄이기 위해 설계된 몇 가지 기법을 자유롭게 활용한다. 예를 들어 디즈니 파크에서는 '출연진 프리뷰 행사'에 출연진을 초청하여 새로운 놀이기구를 소개하며 고객이 이용하기 전에 프로세스의 문제를 찾아내는 것을 도와준다. 최근

다수의 운 좋은 직원들은 디즈니 드림에서 유람선이 손님을 받을 준비가 되었는지 확인하기 위해 유람선을 먼저 사용해보는 기회를 가졌다. 직원들은 즐기면서 하라는 당부의 말을 들었지만, 또한 대기 시간을 비롯한 전체 서비스 경험을 평가해달라는 부탁도 받았다. 제한된 수의 고객에게 신제품 놀이기구를 미리 보여주는 예비 테스트인 미리보기Sneak Peeks에 고객을 초대한다. 이러한 테스트는 출시하기 전에 서비스 프로세스를 추가적으로 조정하는 기회를 제공한다.

대기 시간과의 전쟁에서 가장 효율적인 무기는 아마 디즈니의 패스트패스FASTPASS 서비스일 것이다. 1999년에 처음 소개된 패스트패스는 혁신적인 컴퓨터 예약 시스템이다. 고객이 패스트패스 놀이기구에 도착하면 기존의 줄을 서서 기다리는 방식을 선택하거나, 회전문에서 입장권을 긁으면 차례대로 1시간 동안 사용할 수 있는 출입증을 제공받을 수 있다. 고객들은 정해진 시간 동안 직접 더 짧은 전용 줄에 서서 곧바로 프리쇼를 보거나 놀이기구를 탑승하는 지역으로 가게 된다. 패스트패스는 악명

> ### 고객의 대기 시간 인지에 영향을 미치는 요인들
>
> 디즈니 인스티튜트의 참가하는 고객사인 시카고 대학병원UCH은 환자를 대상으로 환자의 예상대기시간을 조사했다. 조사 결과 일부 예상 대기 시간은 현실성이 있었지만, 환자들은 대부분 대기 시간이 얼마나 길었나 보다는 대기시간을 어떻게 처리하는지에 대한 의견이 많았다. 환자 치료와 관련된 세 가지 중요한 차원은 다음과 같다.
>
> - **접근성** — 환자들은 보살핌을 받고 싶은데, 음성 메시지나 일정상의 어려움, 제약 등에 좌절감을 느낀다.
> - **존중** — 환자들은 인정받고 싶고 품위 있게 대접 받고 싶은 강한 욕구가 있다고 말한다.
> - **정보 소통** — 환자들은 정보를 완전히 제공 받지 못하고 있다며 두려움을 표현한다.

높은 테마파크의 줄을 거의 사라지게 했다. 또한 놀이기구를 타려고 기다리는 동안 줄에 서 있는 손님들을 덜 붐비는 지역과 상점, 식당 등으로 가게 했다.

조지아주 세인트 시몬즈 아일랜드에 기반을 둔 리치 시팩 기업은 주문 관리 프로세스에서 대기 시간을 없애기 위해 열심히 연구한 디즈니 인스티튜트의 고객이다. 미국 최대의 가족 소유 냉동식품 제조업체 리치 프로덕트사의 자회사인 리치 시팩은 냉동해물식품과 간식 분야의

선두 기업이자 냉동 전문 새우 부문에서 선두 소매 브랜드이다. 리치 시팩은 식료품점, 창고형 도소매 클럽, 식당 체인, 급식업체 등 폭넓은 부류의 소비자를 기반으로 하며, 연간 수만 건의 주문을 처리한다.

하지만 몇 년 동안 시팩의 주문은 통제하기 어려울 만큼 증가했다. 소비자의 주문은 서로 다른 시기에 개발된 몇 가지 정보 시스템 사이를 오고갔다. 시팩의 협력사들은 주문을 찾기 위해 시스템 사이를 이동해야 했다. 그리고 처리 도중에 잠시 중단되는 현상이 나타났다. 시팩은 프로세스를 다시 손보면 서비스 제공이 개선되고 이익도 늘어날 수 있다고 생각했다.

시팩의 협력사 25곳의 다양한 직종의 직원으로 팀을 구성하여, 양질의 서비스와 창의성을 연구하기 위해 디즈니 인스티튜트를 방문했다. 그리고 고객이 처음 연락을 했을 때부터 이행, 계산서 발부, 송장 대금 지불까지 주문을 어떻게 관리하는지에 대해 다시 생각했다. 그들은 주문이 연속적으로 흘러가도록 처리하여 중단되는 현상을 방지하고, 프로세스의 어느 지점에서도 주문정보에 즉시 접속하고, 계산서 발부 프로세스의 에러를 제거할 수 있는, 덜 복잡한 통합 정보 시스템을 만들었다. 새로운 주문 시스템은 시팩의 주문 흐름에서 며칠을 앞당겨줄 것이다. 또한 매번 완벽한 송장을 목표로 재고와 가격 변동을 실시간으로 추적하여, 식료업체들의 공통적인 문제를 해결할 것이다.

공연 예술로 유명한 110년 전통의 학생 수 600여 명의 사립교육기관 노스캐롤라이나 리스-맥레이 대학에서 온 15인으로 구성된 팀의 목표는 완벽한 오픈하우스 프로세스를 만드는 것이었다. 디즈니 인스티튜트에 출석한 후, 대학은 매년 입학 후보 학생과 가족을 대상으로 열리는 오픈하우스 행사를 개선하기로 했다. "사실 그동안 해왔던 오픈하우스 행사의 방식에 잘못된 점이 있었던 것은 아니었습니다." 입학 및 학생인재개발처의 부처장이었던 앨런 코헬리가 설명했다. 과거의 행사들도 멋지고 유익했습니다. 다만, '와우', 즉 우리의 고객에게 기억에 남을 만한 경험을 하게 해주지는 못했어요."

약간의 기억에 남을 만한 경험을 프로그램에 포함시키기 위해서, 오픈하우스 팀은 프로세스에 대한 그들의 관점을 확장하기로 했고, 초대장의 도착부터 대학을 방문하는 것까지, 프로그램 자체가 끝날 때까지 전체적인 고객 경험을 고려했다. 그때 그들은 오픈하우스를 세 단계로 재작업하기 위해 다음 장에서 논의할 기법인 스토리보드를 사용했다.

첫째, 오픈하우스팀은 오픈하우스가 열리는 지역의 방향 및 설명, 그리고 고객이 메일에서 받게 되는 프로그램 등 요소를 재설계하여 손님 방문의 준비 단계를 조정했다. 둘째, 그들이 캠퍼스에 발을 내딛기 전에 그들이 지역 호텔에 체크인할 때 대표자를 보내 가족을 만나고 환영하는 방법을 사용하여 도착 단계를 개선했고 손님맞이를 시작했다. 마지막으로, 오픈하우스팀은 오픈하우스에 시골 장터 같은 분위기를 더해 전체적인 경험에서 대학 내부의 비율을 재설계했다. 손님들이 캠퍼스 주변을 여기저기 돌아다녔고, 모든 곳에서 새로운 매력을 발견했다. 이러한 매력은 손님들에게 정보와 재미를 동시에 주었다. 음식 메뉴마저도 장터에서나 볼 수 있을 만한 음식 종류를 반영하기 위해 조정됐다. 새로운 오픈하우스 프로세스는 손님의 경험에 대한 대학의 통제권을 확장했고, 예비학생들을 위한 대학검색 프로세스에 약간의 재미적인 요소가 더해졌다. 그리고 무엇보다 중요한 것은 마지막 선택을 해야 할 때가 왔을 때 학생과 부모의 마음속에 리스 맥레이 대학이 자리잡고 있었다는 것이었다.

출연진과 고객 사이의 의사소통

"3시 행진은 언제 시작하나요?" 이것은 매직킹덤에서 아주 흔하게 들을 수 있는 고객의 질문이다. 너무 자주 듣는 질문이어서 디즈니 대학은 트래디션 프로그램의 한 사례로 이용하고 있다. 디즈니 인스티튜트 역시 이 질문을 사례로 이용한다. 이런 질문을 하는 고객들은 멍청한 게 아니다. 그들은 3시에 행진을 한다는 사실을 안다. 그들이 정말 알고 싶은 것은 행진하는 행렬이 특정한 장소를 지나가는 시간, 혹은 행진을 가장 잘 볼 수 있는 장소, 행진하는 경로 등이다. 사실 이런 질문에 "3시요"나 비꼬는 듯한 답을 한다면 멍청하다고밖에 볼 수 없을 것이다.

고객의 질문에 답을 해주는 것은 모든 조직의 정규 업무이다. 이러한 질문을 얼마나 잘, 그리고 효율적으로 처리했는가 하는 것은 고객의 서비스 경험 평가에 과도한 영향을 미친다. 이 세상에 대답을 들으면서 바보가 된 기분을 느끼는 것을 좋아하는 사람이 있을까? 아니면 간단한 질문에 대한 대답을 들으려고 이리저리 오가는 것을 좋아하는 사람이 있을까? 사람들이 냉정함을 잃는 것은 시간문제이다. 냉정함을 잃는 순간 연소점은 폭발하게 된다.

디즈니 리조트 및 파크 정도 규모에 매년 수천만 명이 찾아오는 시설에서 효율적인 의사소통은 서비스의 핵심적인 요소이다. 그리고 의사소통의 많은 부분은 직원에서 고객으로 전달되는 과정이다. 따라서 디즈니의 효율을 높이는 방법은 출연진이 고객의 질문을 듣고 답할 수 있도록, 그리고 늘 도움을 줄 수 있도록 고객과의 접점을 찾아다니는 것이다. 하지만 단순히 출연진에게 고객을 도와주라고 말하는 것만으로는 충분하지 않다. 그들이 고객을 도와주려면 필요한 정보가 있어야 하기 때문이다. 따라서, 우리는 출연진이 고객에게 필요한 답을 즉석에서 해줄 수 있도록 다양한 서비스 프로세스를 마련해야 한다. 이러한 프로세스들은 적절한 시간에 적절한 방법으로 적절한 정보를 제공하도록 디자인된다. 그중에는 디즈니 시설 전체에 있는 출연진에게 정보를 퍼뜨리기 위한 프로세스도 있다. 예를 들어, 월트 디즈니 월드에는 격주로 발행되는 출연진을 위한 출연진이 만드는 신문《눈과 귀Eyes & Ears》가 있는데 여러 공동체의 신문보다 발행부수가 많다. 이 신문에는 새로운 프로젝트나, 놀이기구, 행사, 임원 메시지 등에 관한 기사가 실린다. 출연진이 새로운 놀이기구에 대한 정보를 언제든지 활용할 수 있도록 포켓 크기에 단편적인 사실을 모아 놓은 카드를 인쇄해서 배포한다. 그리고, 당연하게도 기업의 인트라넷은 지난 십 년에 걸쳐 그 어느 때보다 효율적인 의사소통 수단이 되었다.

출연진 사이에 디즈니 리조트 및 파크에 있는 모든 놀이기구와 자원에 대한 인지도를 구축하는 것은 중요한 프로세스이다. 가치 지향적 고객을 상대로 하는 디즈니의 올스타 무비 리조트가 개장을 준비하고 있을 때, 리조트에서는 "오픈마우스Open Mouse" 행사를 개최하여, 모든 출연진과 그들의 가족과 친구를 초대했다. 다과를 비롯해 영화의 등장인물이 등장하는 서비스를 제공하는 동시에, 리조트 직원들은 시설 견학 경연을 만들어 동료 직원들이 새 호텔에 대해 학습하도록 했다. 모든 내부 손님은 시설의 지도를 한 장씩 받았고 견학 경로를 따라 특정 장소에 도착하면 도장을 받았다. 끝나는 지점에서는 지도를 제출했고 추첨하여 상품을 주었다.

직업 경험 기법 역시 출연진에게 시설에 있는 다른 분야에 대해 가르칠 때 쓰인다. 월트 디즈니 월드의 코로나도 스프링스 리조트Coronado Springs Resort의 음식제공 및 연회 서비스팀이 자신의 서비스를 널리 알리기 위해 그들은 월트 디즈니 월드에서 온 우수한 직원들이 하루 동안 리조트의 편의시설과 규모에 대해 알아가는 마우스냅Mousenap 행사를 기획했다. 내부 발표회도 주기적으로 열려 자신의 모범적인 사례를 전체 조직과 공유한다. 그리고 월트 디즈니 월드 도서관과 연구센터에는 중앙 정보저장소가 있어, 수천 종의 디즈니 관련 출판물과 뉴스 스크랩, 보도자료 등을 비롯해서 직원들만 이용할 수 있는 통계 자료 등을 보관하고 있다.

또한 각 파크 및 리조트에서 일하고 있는 출연진에게

특정 장소에만 관련된 정보를 전하기 위해 계획된 기법도 있다. 그러한 기법들은 불특정 다수가 아닌 특정 장소의 출연진에게 상세한 정보를 전달하여 정보 과부하를 피한다. 지난 몇 년 동안 우리가 사용해온 특정 장소에만 관련된 기법 중 일부는 시설 전체에서 사용하는 기법을 단순히 규모만 축소한 것이다. 버스 수송 업무를 하는 출연진을 대상으로 격주로 발행되는 《버스 게시판Bus Bulletin》이라는 신문이 있었고, 소매점의 출연진을 위한 《머천테인먼트 큐 카드Merchantainment Cue Cards》라는 수집용 카드도 있었다. 카드 한쪽에는 디즈니 캐릭터가 있었고 반대쪽에는 캐릭터에 대한 시시콜콜한 정보와 함께 정책 및 절차가 나와 있었다.

서로 다른 업무 문화를 위해 설계된 기법들도 있다. 예를 들어, 직원들은 시설에서 "홈룸homeroom"이라고 불리는 업무 시작 회의에 참석해서 최신 정보를 얻는다. 업무 교대 사이에 일을 시작하는 직원들이 중요한 정보를 놓치고 있다는 사실을 발견한 뒤, 엡콧의 랜드 파빌리언 놀이 기구에서 일하는 직원들은 홈룸의 개념을 확장했다. 그들은 일간 회의를 녹화하여 무대 뒤 영역에서 모든 직원들이 하루 업무를 시작하기 전에 그것을 볼 수 있게 했다.

무대 뒤 영역은, 이곳저곳에 있는 게시판을 보지 않고는 걸어다니기가 거의 불가능하다. 무대 뒤 게시판에는 정책 및 절차, 최근 개선 사항, 예상고객수, 전체적인 사업 성적 등에 대한 수많은 정보를 전달한다. 마찬가지로, 출연진이 무대 위에 올라가기 전에 소식을 볼 수 있도록 전자 게시판에서 최신 소식을 전달해준다.

한 가지 주목할 점은 직원에서 고객을 향하는 의사소통 개선 프로세스 중에 복잡한 것은 거의 없다는 점이다. 이것은 우연의 일치가 아니다. 중요한 것은 소통 방법이 얼마나 정교한지가 아니라 직원들이 고객을 도와주기 위해 얼마나 잘, 그리고 철저하게 준비했는가 하는 것이다. 실제로, 소통에 들어가는 시간과 돈은 적을수록 더 좋다. 그것은 결국 간접비용이다. 대신 최대한 단순한 방법으로 중요한 콘텐츠와 기억에 남을 만한 공연을 준비하는 데 집중하라.

물론, 때로 가장 단순한 소통방법이 최첨단기술을 이용하는 것일 수도 있다. 텍사스주 휴스턴에 기반을 두고 있는 크라운캐슬 인터내셔널 코포레이션Crown Castle International Corporation, CCIC의 경우를 살펴보자. CCIC는 1994년에 설립되어 공격적인 기업인수를 통하여 무선 통신 분야에서 주도적인 역할을 차지했다.

1990년대 말 회사가 성장하면서 무선 송신탑을 임대해 주는 것에서 세계적인 수준의 무선 서비스를 종합적으로 제공하는 것으로 기업의 비전을 확장했다. CCIC 고객들은 네트워크 전체, 혹은 그중 일부를 선택하여 계약할 수 있었다. 이러한 서비스의 폭과 국제적인 사업의 특징에 인수된 기업의 자산이 빠른 속도로 더해지자 독특한 직원과 고객 사이의 소통 문제가 나타났다. CCIC는 어느 곳에서나 일관적이고 신뢰성 있게 복잡한 서비스를 제공할 수 있도록 기술 인력을 지원해야만 했다.

고객마다 네트워크 전체를 서비스한다는 말의 정의가 다르다는 사실을 알게 된 뒤, CCIC는 모든 제품과 서비스 프로세스의 세부를 모두 보여주기 시작했다. 본질적으로 CCIC는 기술 인력들이 결합하여 고객마다 개인화된 솔루션을 구축할 수 있도록 프로세스 모듈을 만든 것이었다.

"필요한 모든 프로세스를 선택하여 정의할 수 있을 정도의 영역과 단계로 분해하여, 기업 전반의 서비스 전달에 대한 우리의 접근법을 공식화했습니다." CCIC의 전임 최고조직책임자 존 켈리가 설명했다. 고품질과 빠른 전달을 보장하는 프로세스 모듈을 통해 직원들은 서비스 패키지의 디자인과 구현에 대해 알 수 있었다. 그리고 CCIC 기업 인트라넷의 기능인 라이브링크LiveLink는 모든 지식을 직접 기술 인력에게 전달해주었다. 따라서, CCIC의 직원이 고객 서비스를 해야 한다는 정보가 고객이 필요로 하는 때와 장소에 전달되었다.

서비스 관심

살아 있는 사람에게 연결하는 방법은 가르쳐주지 않고 필요 없는 선택지를 장황하게 설명하는 음성 메일 시스템에서 길을 잃어버린 경험이 있는가? 어떻게 대응했었나? 아마도 아무거나 선택하거나 전화기의 조작 장치를 무턱대고 두드려 대거나, 인간을 바꿔주기 바라면서 별표를 눌러댔을 것이다. 아마도 그냥 전화를 끊었을지도 모르겠다. 그런 서비스를 경험했을 때 어떤 기분이 들었나? 아무런 반응이 없는 전화 시스템에서 꼼짝하지 못한다면, 단순히 나에게 맞지 않는 서비스 프로세스를 경험하는 것이다. 그것을 사용할 수 있는 대다수의 사람에게는 도움을 줄지 모르지만, 사용할 수 없는 사람에게는 그다지 위로가 되지 않는다.

이런 이유로 서비스를 전달할 때 고객의 개인적인 필요와 욕구를 인정하고 가능하면 포함하는 것이 매우 중요하다. 이는 또한 디즈니 리조트 및 파크에서 두 번째 품질 기준(예의)을 달성하는 또 다른 방법이기도 하다. 그러한 목표를 향해, 기존의 프로세스에 의해 만족될 수 없는 욕구를 가진 고객에게 도움을 주는 '서비스 관심 프로세스service attention process'라는 프로세스가 있다.

효과적인 서비스 주목도 프로세스를 만드는 데에는 두 가지 핵심 성분이 있다. 첫째, 고객이 좋은 경험을 할 수 있는 적절한 자원이 반드시 필요하다. 둘째, 그러한 자원을 사용할 수 있다는 것을 직원과 고객에게 반드시 알려야 한다. 디즈니 파크 및 리조트들이 해외 방문객, 작은 어린이, 장애가 있는 고객 등 표준 프로파일에는 들어맞지 않는 고객 세 집단에 대한 서비스 주목도를 어떻게 확장했는지 자세하게 살펴보자.

해외 고객

오늘날 국제적인 기업들은 대개 매우 다양한 고객층에게 서비스를 제공한다. 예를 들어, 월트 디즈니 월드에서 대략 25퍼센트의 고객은 미국이 아닌 곳에서 산다. 월트 디즈니 월드에 오는 고객들은 모두 재미를 느끼기 위해

오지만, 해외 고객들의 기대감과 행동 습관, 욕구 등은 완전히 다르다. 예를 들어, 영어를 사용하지 않는 고객들은 직원이나 다른 고객의 말을 이해하는 것은 말할 것도 없고, 표지판을 읽는 데도 곤란을 느낄 것이다.

만일 여름에 월트 디즈니 월드를 방문한다면 밝은 색의 티셔츠를 입은 다수의 브라질 어린이들이 모여 다니는 모습을 보게 되는 경우가 많다. 브라질인은 음료수에 얼음을 넣지 않는 경우가 많고, 브라질에서는 대부분 봉사료가 계산서에 포함되기 때문에 팁 역시 지불하지 않는 경우가 많다. 브라질에서는 사람들이 단체를 이루어 여행하고, 가까운 곳에 함께 묵는 것을 좋아하며, 노래를 부르고 구호를 외치는 경우도 많다. 여러분도 상상하겠지만, 줄을 서는 곳에 즐겁고 활기가 넘치는 아이들이 모여서 포르투갈어로 노래한다면, 개인 공간을 더 좋아하는 문화적 성향을 가진 다른 고객들이나 직원에게는 당황스러운 경험이 될 수 있다.

브라질 고객에게 더 좋은 서비스를 제공하려면, 포르투

갈어를 할 줄 아는 직원이 대기하며 도움을 주고 통역을 해줘야 한다. 포르투갈어로 된 고객 안내서가 있다. 직원들은 브라질 문화와 행동에 대해 배운다. 그리고 마지막으로, 월트 디즈니 월드는 문화적 장벽을 없애고 고객 경험을 최대화하기 위해 브라질인 여행 안내원과 함께 일한다. 브라질 고객에 초점을 맞춘 서비스 주목도는 노력한 만큼 결과가 좋았다. 브라질인의 방문은 빠르게 증가하여 브라질은 월트 디즈니 월드의 최다 해외 방문객 중 상위 3개국 안에 포함됐다.

어린 아이들

모든 연령대의 아이들이 디즈니 파크를 좋아하긴 하지만 디즈니 파크가 언제나 어린이 고객들에게 맞추어게 설계된 것은 아니다. 어떤 놀이기구는 어린 아이들이 열광하지만 지루해 하는 놀이기구도 있을지 모른다. 어린 아이들의 관심사와 욕구 역시 어른이나 조금 더 성장한 아이들과는 다르다. 이들의 관심사를 인지한다면 아이들의 관점에서 본 서비스 프로세스를 만들 수 있을 것이다.

예를 들어, 빅썬더마운틴Big Thunder Mountain을 타려고 가족들과 줄을 서 있는데 키가 작아서 타지 못한다면 얼마나 실망이 크겠는가. 그리고 부모들은 어쩌란 말인가? 아이만 남겨두고 놀이기구를 탈 수도 없으니, 다시 줄을 서서 다른 롤러코스터를 타야 한단 말인가? 이처럼 흔히 접하게 되는 딜레마를 해결하기 위한 한 가지 방법이 있다. 부모 중 한 사람은 아이와 함께 그 자리에 머물고 다른 한쪽이 놀이기구를 타는 것이다. 놀이기구가 작동을 멈출 때쯤 기다리던 부모가 곧바로 탑승할 수 있다. 그러면 아이는 어떻게 하나? 출연진은 그 아이가 충분히 키가 컸을 때 언제든지 와서 줄을 서지 않고 탑승할 수 있는 특별 자격증을 줄 수 있다.

엡콧 월드 쇼케이스에서 작은 아이들은 별로 재미있는 것을 찾지 못하는 경우가 많다. 그래서 그런 아이들을 위한 키드콧Kidcot이 있다. 키드콧에는 특별히 더 작은 아이들을 위해 디자인된 각 국가 전시관이 있고, 그 전시관 안에서는 공예품을 전시하고 활동을 하고 있다. 또한 아이들은 모두 나라를 이동할 때마다 빈칸을 채울 수 있는 소책자를 받는다. 이와 유사하게, 다운타운 디즈니 마켓플레이스에서는 쇼핑할 때 거의 모든 어린 아이들이 느끼는 지루함을 상점을 돌아다니며 받은 스티커를 수집해서 해소한다.

이번에도, 평균적인 프로파일에 맞지 않는 고객을 위해 특별히 설계된 서비스 관심 프로세스는 특별한 욕구를 가진 고객이 더 좋은 경험을 하는 데 도움을 준다.

장애가 있는 고객

모든 조직은 장애가 있는 고객에게 서비스를 제공한다. 오늘날에는 그러한 특별한 요구에 대비하는 것이 비즈니스에 도움을 줄 뿐 아니라 법적인 요구사항이기도 하다. 장애가 있는 고객을 위한 서비스 관심을 설계할 때는 몇 가지 기본적인 원칙이 적용된다.

- 가능하면 언제나 장애가 있는 고객에게 여러분의 조직과 소통할 수 있는 주요 창구를 개방하라. 예를 들

어, 디즈니 리조트 및 파크에서는 놀이기구의 중앙 출입구를 개방하려고 최대한의 노력을 기울이고 있다. 이런 방법으로, 고객들은 일행과 함께 머물면서 다른 사람들과 함께 시설을 즐길 수 있다.

- 모든 장애인을 눈으로 확인할 수 있는 것은 아니기 때문에, 장애인들이 직원에게 반복해서 설명하지 않고 그들만의 특수한 요구사항을 전달할 수 있는 방법을 찾아야 한다. 예를 들어, 월트 디즈니 월드에서는 세 가지 유형의 특별 지원 패스Special Assistance Pass가 있어서 고객들이 소지하고 다니면서 요구사항을 직원에게 전달할 수 있다.

- 사용 가능한 자원을 장애가 있는 고객들에게 가급적 널리 알려야 한다. 출연진은 모두 트래디션 프로그램에서 장애인 고객을 지원하는 기본적인 교육과 지도를 받았다. 아울러 디즈니 대학에서는 고객과 자주 접촉하는 관리자와 핵심 출연진에게 특별 교육을 제공하고 있다.

- 마지막으로, 사용 가능한 자원을 고객에게 직접 알려주어야 한다. 예를 들어, 월트 디즈니 월드에서는 고객 서비스에서 받을 수 있는 자원과 1대1 지원에 대해서 상세하게 설명하고 있는 특별 안내서를 제공한다.

디즈니 리조트 및 파크에는 장애가 있는 고객을 위한 다수의 자원이 있다. 그중에는 시각장애인을 위한 음성 안내 서비스도 있다. 또한 청각장애인을 위한 무선 오디오 증폭기wireless audio booster, 수화 서비스sign language performance, 자동자막 서비스reflective captioning 등을 제공하고 있다. 많은 공연과 놀이기구에서는 대본과 휴대용 전등, 펜과 종이 등을 포함한 고객지원 패키지가 제공된다. 이러한 모든 것이 장애인들이 최고의 공연을 즐길 수 있도록 보장하기 위해서 제공된다.

모든 기업에는 표준적인 프로세스로 처리할 수 없는 요구를 하는 고객들이 있다. 디즈니 인스티튜트의 고객인 이스트 제퍼슨 종합병원에서 환자들을 대상으로 조사한 결과, 종양학과 환자는 산부인과 환자와는 매우 다른 욕구와 요구사항을 가지고 있다는 사실이 드러났다. 종양학과 환자는 조용하고, 남들에게 노출되지 않는 대기실에서 가족을 만나길 바랐지만, 가족이 아닌 일반인을 만나 자신의 병을 반복해서 설명하고 싶어 하지는 않았다. 반면 산부인과 환자는 친구와 가족과 함께 아기의 탄생을 축하하고 싶어 했다. 이스트 제퍼슨 병원은 종양학 환자에게는 사람들이 많이 이용하지 않는 곳에 편안하고 조용하며 사적인 공간을 제공했고, 산부인과 환자에게는 추가적인 공간에 떠들썩한 분위기를 조성해주었다.

다음으로 넘어가기 전에, 잠시 동안 서비스 관심이 필요한 고객이 어떤 고객인지 찾아보라. 어떻게 하면 그들의 서비스 경험을 개선할 수 있을까?

서비스 프로세스 디버깅

앞서 언급한 것처럼, 디즈니는 고객에게 제공되는 상품과 서비스를 개선하기 위한 플러싱이라는 오랜 전통이 있다. 서비스 프로세스 개선에 플러싱을 적용할 때, 우리는 그것을 디버깅이라고 부른다. 모든 서비스 프로세스는 고객의 최선이 되기 위해 디버깅이 필요하다.

디버깅은 "처음부터 제대로 해야 한다"는 격언과는 모순이 되는 것처럼 보이지만, 비즈니스와 삶의 현실에서 처음부터 완벽한 것은 별로 없다. 첫째, 우리가 완벽한 조직을 만들려고 애쓴다 해도, 조직이란 생물과 같아서 절대 완벽하게 예측할 수는 없다. 둘째, 우리가 완벽한 조직을 만들 수 있다 해도, 일시적인 것일 뿐이다. 곧 새로운 기술과 기법이 나타나 더 좋은 조직을 만들 수 있게 된다.

세계 최고의 장난감 및 청소년용 제품 소매점이자, 뉴저지주 웨인에 기반을 두고 있는 토이저러스Toys "R" Us에게 물어보자. 1948년 설립자 찰스 라저러스는 모든 아이들이 언젠가 갖고 싶었던 모든 것을 한 곳에서 살 수 있는 상점인 최초의 셀프 서비스 장난감 슈퍼마켓을 만들어, 장난감 소매업계(그리고 일반적인 소매업까지)를 재편했다. 오늘날 대형할인 소매체인점은 바로 라저러스 씨의 사업 모델에 큰 빚을 지고 있다. 토이저러스는 1,600곳이 넘는 점포와 약 7만 명의 직원을 둔 139억 달러짜리 기업이다.

사람들은 토이저러스가 사업을 꿰뚫고 있을 것으로 생각할지 모르지만, 경영진은 그렇게 생각하지 않는다. 시대가 바뀌면 고객도 바뀐다. 그리고 기업도 계속해서 기업 자체와 비즈니스 프로세스를 재창조한다. 몇 년에 걸쳐, 토이저러스는 해외시장을 확장했고, 홈쇼핑이 유행하자 통신판매 사업을 추가했다. 그리고 인터넷이 등장하면서 사이버공간에서 장난감 판매를 지배하려는 노력을 추진했다.

토이저러스는 또한 고객 경험과 경영성적을 향상시키

기 위해 주기적으로 매장을 다시 디자인했다. 예를 들어, 1999년 토이저러스의 경영진은 찰스 라저러스의 슈퍼 장난감 매장은 10년 전의 독특함을 상실했다는 사실을 깨닫고 판매 비율에 실용적인 마법의 힘을 가하여 다시 한 번 업계의 투자규모를 확대하기로 했다. 월트 디즈니 월에서 양질의 서비스를 벤치마킹하고 디즈니 인스티튜트에서 구축팀이 교육을 받은 다음, 토이저러스는 새로운 브랜드의 서비스를 소개했다. 1999년 6월 13일 저녁, 2천 명의 전국 보조 직원 동료들을 포함하여, 북미의 모든 협력사와 관리자는 고객을 기쁘게 하는 마법의 서비스 경험 만들기의 기본과, 새로운 서비스 비전, 관련 용어를 배웠다. 6월 10일 자정, "마법의 순간"이 찾아왔다. 모든 직원은 고객을 위한 실용적인 마법을 만드는 것이 토이저러스의 새로운 비즈니스라는 사실을 알게 되었다.

여러분은 토이저러스와 마찬가지로 끊임없이 변화하는 시장의 현실을 깨닫고 지속적으로 비즈니스 모델과 프로세스를 개선하거나, 아니면 처음부터 제대로 해서 가만히 지켜보기만 하면 된다고 고집할 수도 있다. 첫번째 선택지를 택했다면, 계속 읽어도 좋다. 그렇지 않다면 밥 아이거가 최근 디즈니 스튜디오 엔터테인먼트 비즈니스에 관해《파이낸셜 타임즈》에 했던 말을 곰곰이 생각해보라. "영화 사업의 근거가 되는 비즈니스 모델이 변화하고 있다. 그러한 변화에 적응하지 않으면 비즈니스란 없다. 그것이 제가 드리는 충고입니다." 실제로 똑같은 충고가 결국 모든 비즈니스에 유효하다. 계속 멈춰 있는 것은 실행 가능한 선택지가 아니다.

서비스 프로세스 개선을 위한 기회는 두 가지 유형의 환경에서 나타나는 경우가 많다. 첫 번째 유형은 설계 결함이나 부주의, 개선된 기술이 등장하면서 나타난다. 우리는 서비스 조직으로서 그러한 문제를 가지고 있다. 두 번째 유형은 우리 고객의 욕구 혹은 고객의 행동에서 직접적으로 나타난다. 이들 두 가지 유형의 개선 기회에 대해 자세히 들여다보자.

결함 있는 프로세스 디버깅

디즈니 테마파크에서 가장 인기 있는 것은 미키 마우스를 비롯한 모든 디즈니 캐릭터들과 사진을 찍는 것이다. 캐릭터의 출연은 1955년 디즈니랜드가 개장한 이래 고객 경험의 기준이 되어왔다. 하지만 고객들이 우리의 캐릭터와 함께 원하는 시간을 보내는 것이 늘 간단한 일은 아니었다.

월트 디즈니 월드에서 수행된 고객학 연구에서 사람들이 캐릭터를 더 많이 만나기를 바라고 있으며, 캐릭터 주위에 금세 군중이 모여들어 움직이기가 어렵다는 사실이 드러나면서, 디즈니 리조트 및 파크는 그러한 경험을 디버깅하기 시작했다. 먼저 툰타운이 생겼다. 툰타운 덕분에 캐릭터들을 최선의 고객 경험을 위해 한 장소에서 관리할 수 있었다. 그런 다음, 고정 캐릭터를 만날 수 있는 장소가 파크 곳곳에 만들어졌고, 이는 안내서와 표지판을 통해 전달되었다. 마지막으로, 고객들이 포카혼타스, 백설 공주 등 자신이 가장 좋아하는 캐릭터를 꼭 만날 수 있도록 CHIP(Character Hotline and Information Program)을 만들었다. CHIP은 캐릭터 멤버가 고객에게 캐릭터마다 정확히 언제 어디서 볼 수 있는지 말해주는 서비스의 전화번호이다.

프로세스의 문제점을 디버깅하다보면 때로는 고객에게 불편함을 끼칠 수도 있다. 이를테면, 상품을 리콜해야 하는 경우이다. 이러한 사건이 잘못 처리되었을 경우 뒤따르는 홍보부서의 악몽을 지켜봤던 사람이라면 그러한 일이 얼마나 조직의 평판과 매출에 악영향을 미치는지 알 것이다. 반면, 디버깅이 잘 수행되면 고객의 충성도와 장기이익이 늘어난다.

폭스바겐 그룹은 1998년 뉴비틀(New beetle)을 출시하자마자 후자의 현상을 경험했다. 폭스바겐은 자사의 대표적인 모델인 폭스바겐 비틀(Beetle)의 재탄생을 축하하기 위해 정성을 들여 출시 행사 준비에 착수했다. 신차를 대리점에 소개하기 위해 북미 지역의 본사 및 판매 대리점 네트워크의 직원과 가족 9천 명을 월트 디즈니 월드에 데

려와 세미나를 개최하고 관광을 하게 해주었다. 소비자 출시 행사는 북미 지역을 마케팅과 광고 캠페인으로 뒤덮는 등 훨씬 광범위했다.

출시 행사는 엄청난 성공을 거두어 사람들이 뉴비틀을 사기 위해 줄을 설 정도였지만, 폭스바겐은 일부 차량의 배선이 마찰이 일어날 수 있게 설치되었다는 사실을 발견했다. 폭스바겐은 최악의 경우에 화재가 발생할 가능성을 우려했다. 이는 서비스 디버깅의 전형적인 사례로, 폭스바겐은 완전 리콜을 승인했다. 고객들은 자신의 새 차가 안전한지 궁금해 할 필요가 없었다. 새 차를 수리하기 위해 대리점으로 가야 하는 불편함을 보상하기 위해 폭스바겐은 고객당 100달러의 비용을 신청할 권리를 부여했다. 사과의 뜻을 전하기 위해 대리점들은 고객이 원하는 대로 돈을 쓸 권한을 부여 받았다.

빠르고 섬세한 대응이 곤경에 빠진 기업을 구했다. 고객만족도가 떨어지지 않았을 뿐 아니라, 실제로 폭스바겐은 뉴비틀 차주에게서 감사의 편지를 받기도 했다. 최종적으로 5만 대를 파는 것이 목표였던 뉴비틀은 출시 첫 해에 7만대가 넘게 팔렸다.

구식 프로세스 개선하기

디즈니 파크의 티켓 발매 시스템은 기술 변화로 인해 나타나는 디버깅 기회의 좋은 사례이다. 티켓 발매 프로세스는 지난 수십 년 동안 사용하면서 극도로 복잡해졌다. 직원들은 고객 서비스보다는 티켓에 신경을 쓰는 시간이 늘어났다. 어떨 때는, 관리해야 하는 종이 티켓이 실제로 사용 중인 것만 2000가지에 이르렀고, 티켓을 교환하려면 총 3주가 걸렸다. 무엇보다 인쇄된 티켓은 발행되기 전에 사용될 수 있었고, 따라서 많은 통제 및 보안 문제가 시스템에 내재되어 있었다.

빠르게 개발된 자동화 네트워크와 스마트카드 기술 덕분에 월트 디즈니 월드는 프로세스를 완전히 재설계할 수 있었다. 자기 코드와 신용카드 크기의 티켓을 기반으로 하는 새로운 자동화 티케팅 시스템Automated Ticketing

System, ATS이 도입되었다. 곧 티켓은 여덟 종류, 인코딩되면 티켓의 종류를 제약 없이 나타낼 수 있었고, 판매 시점까지 사용할 수 없게 되었다. 더욱 좋은 것은, 인코딩된 카드를 사용하면 디즈니 파크 입구에 있는 자동 회전문에서 간단히 접촉만 하면 입장할 수 있어, 직원들이 고객을 맞이하고 도와주는 데 한결 여유가 생겼다.

디즈니의 "매직유어웨이Magic Your Way" 티켓은 고객 경험을 향상시키기 위한 또 하나의 디버깅 사례이다. 이 프로그램에서는 고객에게 디즈니 테마파크에서 고객이 원하는 것에 가장 적합한 티켓을 구입할 수 있도록 선택권을 준다. 고객들은 자신이 며칠을 머물고 몇 곳의 파크에 가기로 했는지에 따라 해당되는 티켓을 구입할 수 있고, 그에 따라 가격을 할인 받을 수 있다.

고객의 프로세스 디버깅

고객들은 때로 실수를 저지른다. 그러한 결과를 고객 혼자 처리하도록 방치한다면 우리는 양질의 서비스 경험을 제공하겠다는 책임을 폐기하는 것이다. 마법 같은 고객 경험을 제공한다는 의미는 우리 스스로 일으킨 문제를 해결할 때처럼 고객이 일으킨 문제를 해결할 때도 전력을 다해야 한다는 것이다. 고객의 문제를 성공적으로 디버깅하는 완벽한 사례는 1장에서 설명했던, 월트 디즈니 월드 직원이 차를 어디에 주차했는지 잊어버린 고객에게 도움을 주었던 해결책이다.

고객이 일으킨 문제가 아주 사소한 문제인 경우가 있다. 유모차 바퀴에서 삐걱거리는 소리가 난다든지, 시력이 나쁜 사람은 잘 알겠지만 안경을 조이는 작은 나사를 잃어버려 찾지 못하는 경우도 있다. 마법의 주머니Magic Pouch에 들어가 보라. 엡콧에서 일하는 보안직원들은 고객들이 흔히 접하게 되는 사소한 문제에 대응하기 위해 마법의 주머니를 발명했다. 지금은 모두 그러한 흔히 발생하는 문제에 대한 해결책(윤활유통, 바느질 도구와 안전핀을 비롯해서 안경 수리 도구도 가지고 다닌다)이 들어 있는 주머니를 준비하고 다닌다. 어떤가! 문제는 해결되었고, 고객의 경험은 향상되었다.

양질의 서비스 지침에 대한 주요 항목에 대한 우리의 탐구는 거의 마무리되었다. 우리는 고객에게 우리의 노력을 집중하는 방법과 고객이 원하는 것을 찾아내는 방법, 품질의 기준과 공통 목적을 만드는 방법, 캐스팅, 배경, 프로세스 등 모든 기업이 공유하고 있는 세 가지 주요 서비스 전달 시스템에 대해 알아보았다. 하지만 한 지점이 남아 있다. 모든 것을 합하여 양질의 서비스라는 실용적인 마법을 만들어 내는 통합이다.

양질의 서비스 신호

프로세스의 방향을 서비스 전달 방향으로 잡는다. 대략 서비스의 4분의 3이 프로세스를 통해 전달된다. 프로세스는 서비스를 전달하는 데 이용하는 정책, 업무, 절차 등이다.

연소점을 수집하여 분석하라. 연소점이란 해결해야 할 서비스 문제를 가리킨다. 고객의 말을 듣고 연구하여 연소점이 발화점이 되기 전에 그러한 문제를 파악하고 최적화한다.

서비스 경험을 하는 동안 고객의 흐름을 최적화하라. 제품과 서비스의 운영을 최적화하고, 고객이 스스로 자신의 경험을 관리하고, 불가피한 대기 시간을 효과적으로 관리하여, 완벽한 서비스 흐름을 만든다.

직원에게 고객과 소통할 대비를 하게 하라. 질문을 즉시 처리하는 것은 고객 만족의 중요한 요소이다. 직원에게 적절한 정보를 적절한 방법으로 적절한 시간에 제공하라.

서비스 주목이 필요한 고객을 위한 프로세스를 만들라. 모든 고객을 VIP처럼 (매우 중요한, 매우 개인적인 사람으로) 대접하라. 서비스 주목이 필요한 고객을 파악하라. 이를테면, 어린이, 해외고객, 장애인 등. 그런 다음 그러한 고객들이 긍정적인 서비스 경험을 할 수 있게 보장하도록 설계된 프로세스를 구현하고 조직 전체에 그러한 프로세스를 알려준다.

지속적으로 프로세스를 디버깅하라. 기회가 있을 때마다 서비스 프로세스를 "플러스"한다. 설계의 결함과 간과한 점을 바로잡고, 신기술과 기법에 적응하여, 고객이 도움을 청하기 전에 고객의 문제를 해결하라.

통합의 마법

1940년대 초까지 월트 디즈니사가 세계 최고의 애니메이션 스튜디오라는 데 이견이 없었다. 인력, 시설, 장비, 영화제작 프로세스가 결합하여 관객들이 지금까지 보지 못했던 가장 위대한 애니메이션 엔터테인먼트를 만들어 냈다. 월트 디즈니는 통합의 마법을 이용해왔고, 그 과정에서 애니메이션의 고전《백설 공주》가 탄생했다.《백설 공주》는 1937년 12월 21일 개봉했고, 순식간에 역대 최고의 수익을 올린 영화가 되었다.

계획에 의한 것이든, 직관에 의한 것이든, 월트는 모든 조직이 공유하는 세 가지 전달 시스템을 구축했다. 월트의 스튜디오 인력은 세계 최고였다. 집중적인 내부 교육과 수습 프로그램 덕분에 월트 디즈니사는 지속적으로 직원들의 경쟁력과 전문지식을 구축하고 있었다. 월트 또한 세계 수준의 애니메이션 영화 제작 환경을 구축하느라 여념이 없었다. 1940년 월트 디즈니사는 버뱅크에 있는 새 스튜디오로 이주를 시작했다. 새 스튜디오는 평소 월트의 디테일에 대한 관심이 잘 드러난 곳이었다. 결국, 월트는 한 걸음 한 걸음 혁신을 거듭하며 장편 애니메이션 영화를 제작할 수 있는 프로세스를 만들었다.

월트가 이들 전달 시스템을 합치면서, 애니메이션을 존중받는 엔터테인먼트 형식이 되게 하겠다는 그의 꿈은 완벽히 실현되었다. "모든 할리우드 고위 인사들이 내 만화를 보려고 몰려들었다!" 월트는 《백설 공주》가 성공적인 개봉을 한 뒤 한참 후에 회상했다. "그야말로 간절히 바랐던 것이었습니다. 제가 이곳에 처음 왔을 때가 생각이 나서 첫 상영회에 참석했죠. 지금까지 제 인생에서 처음 있는 일이었습니다. 할리우드의 유명인사들이 모두 와 있었고, 저는 기분이 이상야릇했습니다. 저는 언젠가 이 사람들이 만화영화 개봉에 오기만 했으면 좋겠다고 생각했었습니다. 왜냐하면 사람들이 만화영화를 경시했기 때문이었지요. 뭐랄까, 무시하는 경향이 있었지요."

월트는 양질의 서비스의 세 가지 전달 시스템을 결합하여 다시 한 번 디즈니랜드라는 독특한 엔터테인먼트를 탄생시켰다. 그는 새로운 형태의 엔터테인먼트를 위해 새로운 유형의 직원을 선발했다. 강매를 권하는 상인과 찌푸린 얼굴은 지원할 필요가 없었다. 대신 월트는 말쑥한 용모와 항상 웃는 얼굴을 고집했다. 그리고 최초의 기업 대학을 설립하여 직원들에게 디즈니랜드의 고객을 어떻게 대접해야 하는지 가르쳤다. 세팅의 아주 사소한 부분까지 계획 및 구축, 플러싱했다. 정글보트의 탑승 시간처럼, 서비스 프로세스는 세밀하게 조정되어 초 단위로 실행됐다.

결과는 끔찍했던 일요일(매끄럽지 못했던 개장일을 말한다.

정원을 초과하는 인파가 모여들었다)을 제외하면 대성공이었다. 개장 후 7주 동안 100만 명의 고객이 디즈니랜드를 찾았다. 방문자수는 목표치보다 50퍼센트 초과했고, 고객이 지출한 금액은 예상했던 것보다 30퍼센트가 많았다. 1950년 디즈니사의 매출은 500만 달러였다. 1955년 디즈니랜드가 개장했을 때, 매출은 2700만 달러였다. 그리고 1959년 말, 디즈니사의 매출은 7000만 달러까지 성장했다. 통합의 마법은 월트 디즈니의 만화 스튜디오를 엔터테인먼트 제국으로 탈바꿈시켰다.

통합은 오늘날에도 여전히 월트 디즈니사 전체에 마법 같은 영향력을 행사하고 있다. 《토이스토리》시리즈, 《캐리비언의 해적》시리즈, 《라이언 킹》을 비롯한 다수의 디즈니의 인기작을 보고 감동을 받았던 영화 팬들은 모두 양질의 서비스라는 통합 서비스를 대접받았다. 전 세계에서 디즈니 리조트 및 파크를 찾아오는 연 100만 명의 사람들은 모두 똑같은 통합된 고객 경험을 갖는다. 비록 정확히 저런 용어를 사용해서 표현하진 않을 것이 분명하지만 말이다.

좋은 아이디어를 마음에 간직하고, 될 때까지 끈질기게 매달려라.

— 월트 디즈니

양질의 서비스 합치기

이런 장면은 결코 목격할 수 없을 것이다. 이웃에 사는 가족이 방금 디즈니 파크(동경 디즈니랜드라고 해보자)에 갔다가 집으로 돌아왔다. "잘 다녀오셨어요?" 내가 묻는다. 그 집의 부모가 대답한다. "대단해요, 동경 디즈니랜드에 가서 공통 목적을 경험해보셔야 해요. 그 전에는 믿지 않으실 겁니다. 그쪽 사람들은 품질기준을 알고 있더군요."

"맞아요." 아이들이 끼어든다. "환타지랜드는 어떻구요, 업무 문화에 대해서도 이야기해주세요. 그리고 출연진, 무대, 프로세스가 결합되어 어떻게 '푸우의 허니헌트 Pooh's Hunny Hunt'에서 양질의 서비스를 만들어 내는지 보셔야 해요!"

디즈니의 고객들은 위에서 말한 것들로 둘러싸여 있지만, 품질 기준과 전달 시스템 같은 요소는 양질의 서비스의 토대를 제공한다. 그리고 다른 많은 토대처럼, 이 토대는 고객에게 보이지 않아야 한다. 인터넷에서 클릭 한 번으로 손쉽게 전 세계의 사이트를 돌아다니는 사람들처럼, 고객들은 그러한 토대의 도움을 받는 서비스를 보고 판단할 수 있지만, 그러한 서비스가 어떻게 구축되었는지 알 필요는 없다.

이웃 사람이 디즈니 리조트 혹은 디즈니 파크의 놀이기구에 간 경험에 대해 열변을 토할 때, 그들이 실제로 설명하고 있는 것은 양질의 서비스 나침반의 모든 점이 얼마나 잘 통합되어 매끄럽고 마법 같은 고객 경험을 전달했는가 하는 것이다. 통합은 운영과 관련된 단어이다. 통합은 양질의 서비스의 요소를 모두 합쳐서 완전한 경험을 하게 해주는 일이다. 통합은 양질의 서비스 나침반에서 결정적인, 최종 지점이다. 통합은 주목해야 할 디테일과 뛰어넘어야 할 고객 경험을 파악하여 우리가 양질의 서비스를 달성할 수 있게 해준다.

어떤 시스템의 요소들이 제대로 통합된다면 결과적으로 발전을 추진하는 동력을 제공한다. 전체 조직의 가치는 부분의 합보다 커진다. 이러한 상승효과가 나타나는 이유는 한 시스템을 효과적으로 운영하면 자체적인 목표를 성취할 뿐 아니라 다른 시스템의 목표 성취에도 도움이 되기 때문이다. 이를테면, 월트 디즈니 월드 황야의 오두막의 속삭이는 캐년까페Canyon Café가 메인 로비에 문을 열었는데, 그곳의 직원은 옛날 서부에 등장하는 인물처럼 옷을 차려 입고 일한다. 결과적으로 그 직원은 단순히 음식과 음료를 서비스하는 것보다 더 많은 일을 하고 있다. 그들은 레스토랑에서 화려한 동작과 말투로 고객을 즐겁게 하고 전체 메인 로비에서 벌어지는 공연의 일부가 된다. 출연진이 무대에 가치를 더하고 있다.

하지만 한 시스템의 요소들은 반드시 올바르게 통합되어야 한다. 한 요소가 다른 요소의 희생으로 더 효과적이 되는 것은 언제나 가능하다. 디즈니랜드 파리는 캐리비언의 해적에서 배의 속도를 높여 더 많은 고객들이 매시간 열리는 공연을 볼 수 있게 할 수 있었다. 고객의 흐름은 더 효율적이겠지만, 출연자에게는 어떤 영향을 미칠까? 무대의 디테일을 즐길 수 있는 관객은 말할 필요도 없다. 한 시스템의 요소들은 요소들끼리 충돌하지 않고 협력할 수 있도록 조정해야 한다.

양질의 서비스를 제공하기 위해 정확히 무엇을 통합하고 조정해야 하나? 간단하게 답하자면, 조직의 품질 기준과 주 전달 시스템이다. 디즈니 파크의 품질 기준(안전, 예의, 공연, 효율성)은 우리의 공통 목적을 이행하는 행동을 나타낸다. 그리고 전달 시스템(출연진, 무대, 프로세스)은 그러한 기준이 고객에게 전달된다는 것을 보장하는 데 사용되는 분배 경로이다. 그러므로, 통합의 목표는 기업의 품질 기준을 사람, 프로세스, 장소를 통해 고객에게 전달하는 것이다.

모든 품질 기준은 모두 세 가지 전달 시스템을 통해 배포될 수 있다. 예를 들어, 월트 디즈니 월드의 보드워크 리조트에서는 안전이 출연진, 무대, 프로세스를 통해 전달된다. 출연진은 조직이나 부서의 수준에서 안전 기법을 교육받는다. 무대 역시 안전을 전달한다. 리조트의 산책로의 지지대는 절반이 철로 되어 있다. 그것은 소방도로로 이용하도록 설계되었다. 그리고 응급 시에는 애틀

랜틱시티 바닷가에 줄지어 늘어선 상점과 식당으로 갈 수 있게 해준다. 마지막으로, 안전은 프로세스에 내재되어 있다. 이를테면, 워터 런치water launch(공기의 반동을 이용해서 물에 뛰어드는 물놀이―옮긴이)를 할 때의 탑승 프로세스 덕분에 보드워크 리조트는 다른 파크 및 리조트의 손님을 데려올 수 있었다. 예의, 공연, 효율성 등의 기준 또한 세 가지 전달 시스템을 통해 분배될 수 있다.

세 가지 전달 시스템이 모두 각 품질 기준을 분배할 수 있다 해도, 특히 특정한 기준에 잘 맞는 전달 시스템이 있다. 디즈니 인스티튜트에서는 이들을 '헤드라이너headliner'라고 하는데, 왜냐하면 이러한 특별한 조합에는 고유의 힘이 있기 때문이다. 예를 들어, 예의가 무대와 프로세스를 통해 전달되긴 하지만 개인적인 방식을 고객에게 전달하는 데 특히 적당한 것은 출연진이다. 마찬가지로, 디즈니 공연의 기준은 무대를 통해서 가장 잘 전달되고, 효율성은 대개 프로세스와 관련이 있다. 헤드라이너는 조직의 품질 기준에 따라 변화하겠지만, 여러분은 그것이 무엇인지 알아내고 그들이 양질의 서비스 개발의 통합 단계에서 특별한 관심을 받는지 확인해야 한다.

타고난 통합 헤드라이너가 있다고 해서 다른 두 전달 시스템이 무시될 수 있다는 뜻은 아니다. 이차적인 시스템은 랜드마크landmark라고 하는데, 이들 또한 고객의 기대를 뛰어넘는 좋은 기회를 제공한다. 어떤 프로세스가 효율적인 서비스 경험을 전달하는 것은 중요하지만 요즘에는 많은 사람이 능률적이고 시간을 절약할 수 있는 거래를 기대한다. 출연진과 조직의 배치가 그러한 경험을 더욱 간결하게 만들면, 고객들은 대개 감탄하게 된다.

통합 매트릭스

통합 매트릭스는 서비스의 분석과 개선을 통해 여러분을 이끌어 주는 유용한 도구이다. 아래 다이어그램에 나오는 매트릭스는 전달 시스템을 통한 품질 기준의 분배를 추적하기 위해 디자인된 단순한 차트이다. 여러분의 차트를 만들기 위해, 조직의 품질 기준을 나열할 수 있을 만큼 충분한 가로줄과 출연진, 무대, 프로세스의 전달 시스템을 수용할 수 있게 3열의 세로줄로 확장된 삼목판tic-tac-toe을 만든다. 이제 중요한 순서대로 위에서 아래로 품질 기준을 써넣는다.

잠시 매트릭스의 중심부에 대해 생각해보자. 각각은 단일한 품질 기준과 하나의 전달 시스템이 교차하는 곳을 나타낸다. 다이어그램의 왼쪽 윗부분에서는 안전과 출연진이 결합된다. 오른쪽 아랫부분에는 효율성과 프로세스가 만난다. 이러한 교차점들은 고객 경험의 품질에 영향을 미칠 수 있는 결정적인 서비스의 순간을 나타낸다. 본질적으로 각각의 빈칸은 양질의 서비스를 누가 만들었

통합 매트릭스

	출연진	무대	프로세스
안전			
예의			
공연			
효율성			

는지에 관한 질문을 하고 있다. 예를 들어, 왼쪽 윗부분에서는 여러분의 직원이 어떻게 고객에게 안전함을 전달할 것인가라는 질문을 하고 있다. 오른쪽 아랫부분에서는, 여러분의 프로세스가 어떻게 하면 더 효율적인 고객 경험을 제공할 수 있을까라는 질문을 던진다. 빈칸마다 답을 채워 넣으면 완전한 양질의 서비스 경험을 만들 수 있다.

고객 경험에 대한 신선하고 완전히 통합된 접근법을 설계할 수 있는 능력은 통합 매트릭스의 용도 가운데 하나일 뿐이다. 통합 매트릭스는 또한 서비스의 오류를 따로 때 내어 분석하고 해결책에 대한 아이디어를 떠올릴 수 있는 분석도구로도 사용된다. 다른 매개변수를 도입하여 매트릭스를 미세하게 조정할 수 있다. 예를 들어, 서비스의 순간을 만들기 위한 효율적이고 저비용의 접근법을 찾아내는 데 사용할 수 있다. 끝으로, 통합 매트릭스는 유용한 벤치마킹 도구이다. 경쟁자나 파트너의 서비스를 분석하는 데 사용할 수 있다.

마찬가지로 매트릭스는 다양한 수준에서 적용할 수 있다. 우선 전략적 수준에서 사용할 수 있다. 예를 들어, 고객 경험을 분석하고 개선하기 위해 매트릭스를 이용함으로써 양질의 서비스에 대한 전체적인 윤곽을 잡을 수 있다. 또한 더 작게는 영업이나 고객 서비스, 수금 등을 겨냥하여 부서나 단일 프로세스로 한정할 수도 있다. 즉 단일 서비스에 직접 초점을 맞추고 확장하여 매트릭스의 더 작은 부분으로 범위를 좁힐 수도 있다. 사실상 매트릭스에 있는 빈칸 하나에 집중하는 것이다. 매트릭스의 초점을 조정하면, 고위 경영진에서 자신의 공연에 대한 점진적인 향상에 책임을 지고 있는 일선의 출연진까지, 조직의 모든 수준에서 유용해진다. 다음은 홍콩 디즈니랜드가 구현하여 크게 성공한 스타 게스트 프로그램에서 뽑은 특별한 통합 매트릭스이다.

스타 게스트 프로그램 통합하기

스타 게스트 프로그램은 홍콩 디즈니랜드가 몇 가지 난관에 봉착했을 때 그에 대한 대응책으로 만들어졌다. 홍콩 디즈니 파크는 2005년 9월 12일 개장했을 때부터 어마어마한 인기를 끌었지만, 고객학에 따르면 뭔가 큰 문제가 있었다. "몇 달 뒤에 우리는 지역 손님들이 일부 서비스에 대해 실망을 표출하고 있다는 사실을 알게 되었습니다. 우리 출연진은 의욕이 떨어졌고, 경영진은 출연진과 관객의 기대를 저버리지 않으려고 애쓰고 있었다." 홍콩 파크 운영 및 운영 개발 부사장 노블 코커Noble Coker가 설명했다.

홍콩 디즈니 파크의 경영진이 문제를 조사했을 때 그들이 발견한 것은 서양식 디즈니의 양질의 서비스가 중국 문화에는 지금까지 그래왔던 것만큼 잘 맞지 않는다는 사실이었다. 대다수의 중국 관객은 서양 관객보다 내성적이어서 출연진의 친절에 불편함을 느끼는 경우가 있었다. 실제로 고객학에 따르면 디즈니의 지역 관객 90퍼센트가 자신보다는 남이 인정받는 것을 좋아한다. 또한 중국인들은 서비스에 만족했을 때 그 순간 말로 하는 칭찬보다는 나중에 작은 선물을 주는 경우가 많았다. 결과적으로, 출연진은 의욕을 유지하기가 쉽지 않았다.

스타 게스트 프로그램은 이러한 문제에 대한 해결책으로 구상되었다. 이 프로그램은 홍콩 디즈니랜드를 방문하는 가족이나 단체가 '메인스트리트 USA'에 있는 시티홀에서 스타 인정 팩을 선택하면 일행 중 한 명을 VIP 고객으로 지정할 수 있었다. 배지를 착용한 스타 고객은 특별한 관심을 받으며 특별한 경험(출연진이 만들어 내는 마법 같은 순간Magical Moments)을 하게 된다. 이를테면, 자신을 위한 팬 미팅 행사, 디즈니 캐릭터와 함께 놀이기구에 탑승하기, 디즈니랜드 밴드를 지휘하기 등이다. 스타 고객은 또한 두 장의 인정 카드를 받아 최상의 서비스를 해준 출연진에게 줄 수 있다.

스타 게스트 프로그램에는 혜택이 많다. 관객 스스로 누가 출연진의 관심을 받을 것인지 선택할 수 있어 혹시나 있을 불편함을 제거한다. 이 프로그램에는 마법 같은 순간을 만들어 전달하는(양질의 서비스에 관한 전문 기술을 연마하는) 출연진이 포함된다. 스타 게스트 프로그램은 관객을 인정하는 동시에 출연진에게는 의욕을 높일 수 있는 문화적으로 수용할 수 있는 방법을 관객에게 제공한다. 또한 소중한 이점이 한 가지 더 있다. 홍콩 디즈니랜드가 시작한 첫 스타 게스트 프로그램은 2009년 3월부터 5월까지였다. 이때는 1년 중 디즈니 파크를 방문하는 사람들이 가장 적을 뿐 아니라 전 세계적인 금융 위기가 한창이었던 시기였다. 따라서 스타 게스트 프로그램에 관한 보도와 관심이 방문자수를 높이는 데 도움을 주었다.

실제로, 2009년에 이러한 혜택을 모두 누릴 수 있었다. 출연진은 185가지의 서로 다른 마법의 순간들을 만들어 제공했고, 그 과정에서 더 훌륭한 양질의 서비스 전문가가 되었다. 스타 게스트 프로그램은 관객의 만족을 높이는 데 일조했다. "마음 편하게 구경할 수 있었다"에 점수를 준 사람은 19퍼센트가 증가했고, "출연진의 친절함"은 11퍼센트, "전반적인 경험"은 10퍼센트가 상승했다.

관객들은 출연진에게 4만 3,000장이 넘는 인정 카드를 주었다. 928명의 출연진은 15장 이상의 카드를 모아 특별 의상 인정 핀을 받았다. 무엇보다 중요한 것은 이 프로그램으로 국제적으로 불황을 겪고 있는 가운데 방문자 수가 10퍼센트 증가했다는 것이다.

물론 스타 게스트 프로그램은 디즈니 파크 및 리조트 사업 전반에서 사용 중인 동일한 품질 기준과 전달 시스템을 사용하여 개발되었다. 다음은 통합 매트릭스가 스타 게스트 프로그램 분석에 어떻게 이용되는지 보여 준다.

첫 질문은 당연히 가장 우선적으로 고려해야 하는, 양보할 수 없는 품질 기준인 안전에 관한 것이다. 스타 게스트 프로그램은 어떻게 관객과 출연진의 안전을 보장했는가? 다행히도 홍콩 디즈니랜드에서는 그러한 질문에 대한 답이 이미 잘 확립되어 있었다. 출연진은 응급 상황에 대한 대비가 되어 있어 안전한 경험을 전달한다. 이들은 위치에 따라 달라지는 시설 전반에 관한 동일한 교육을 받는다. 그리고 이 교육은 모든 디즈니랜드 파크 및 리조트의 출연진이 받는다. 프로그램과 관련된 물리적인 무대와 물건 역시 안전 조사를 받았다. 그리고 마법의 순간 전달과 관련된 프로세스는 안전 측면에서 가장 먼저 평가되었다.

	출연진	무대	프로세스
안전	시설 전반에서의 교육과 지역 사업 부문의 안전 기법과 정책.	모든 대상물과 물리적 환경이 출연진과 관객에게 안전함을 보장. 파크에 있는 기존의 안전 요소를 활용한다.	모든 마법의 순간을 결정하기 위해서는 먼저 안전을 평가하고 보장한다.

통합 매트릭스에서 다음 줄로 넘어가기만 하면 다음 질문들을 알 수 있다. 이번에는 스타 게스트 프로그램 미리보기 경험에서 예의에 관한 기준을 전달하는 문제를 다룬다. 출연진은 예의에 대한 헤드라이너이기에, 홍콩 디즈니랜드는 출연진이 예의 바른 관객 경험을 전달하는 데 주요 역할을 할 것이라 보장했다. 예를 들어, 디즈니 파크는 문화적 관습과 지역 관객의 행동 양식에 초점을

맞춰 디즈니의 적극적인 친절함을 중국 문화에 맞게 수정했다. 그리고, 그들이 지역 문화에 대해 세심하게 신경 쓰도록 하기 위해 광범위한 현장 코칭을 출연진과 경영진에게 제공했다.

기존 헤드라이너의 활동을 이용하여 우리는 랜드마크 전달 시스템이 예의의 기준을 확장하는 법에 대해 생각해볼 수 있다. 스타 게스트 프로그램에서 관심과 예의는 프로그램에 내재되어 있는데, 이를테면 관객에게 출연진에게 줄 인정 카드를 제공하는 방법 등을 이용하기 때문이다. 스타 게스트 프로세스는 또한 예의 바른 대접을 보장하도록 설계되었다. 예를 들어, 관객들은 자신들 가운데 VIP를 뽑아 원하지 않는 관심을 받지 않도록 한다.

	출연진	무대	프로세스
예의	지역의 문화를 위해 행동을 수정한다. 출연진과 경영진을 위하여 현장 코칭을 제공한다.	출연진에게 줄 인정 카드를 관객에게 나눠준다.	관객이 자체적으로 VIP를 선정하는 프로세스를 만든다.

통합 매트릭스에서 세 번째 줄로 내려가면, 세 번째 질문을 알 수 있다. 이번에는 공연의 품질 기준과 그 기준이 출연진, 무대, 프로세스에 의해 스타 게스트 프로그램에서 어떻게 전달되었는지 생각해본다. 홍콩 디즈니랜드는 헤드라이너(이 경우에는 무대)를 필두로, 기존의 무대를 활용하여 관객을 위한 스타 인정팩을 디자인하고 인쇄했고, 인정 게시판을 설치하고 출연진을 위한 코스튬 핀을 만들었다.

이 경우에 출연진은 실제로 공연을 만들었고, 185가지의 마법의 순간을 자체적으로 개발했다. 그런 다음 각 마법의 순간을 표준화하여 전달하고 전달의 규모를 확장하기 위한 프로세스가 개발되었다. 예를 들어, 출연진의 의욕을 고취시키기 위해 주간 단위로 추첨을 통해 상품을 주는 프로세스나, 프로그램에 필요한 바람직한 행동을 보여주기 위한 리더십 모델링 프로세스 등이 있었다.

스타 게스트 프로그램에 대한 우리의 분석에서 마지막 줄은 효율성이라는 품질 기준에 관한 질문을 던진다. 여기

	출연진	무대	프로세스
공연	출연진은 마법의 순간을 스스로 만든다.	스타 인정팩을 만든다. 출연진을 위해 인정 게시판을 설치한다. 성적이 우수한 출연자를 위한 스타 게스트 의상 판을 만든다.	마법의 순간 프로세스. 격주마다 추첨을 통해 출연진에게 상을 수여한다. 리더가 실행하는 모델링 프로세스.

서 헤드라이너는 프로세스이다. 홍콩 디즈니랜드는 다양한 방법으로 프로세스를 통한 효율성을 추구했다. 예를 들어, 스타 게스트 프로그램과 개별적인 마법의 순간을 개선하기 위해 사용된 결과를 이용하여 수치를 파악했고, 스타 게스트 프로그램이 어떻게 사용되었는지 철저히 분석했다. 마법의 순간들에 들어간 비용을 조사했고, 출연진과의 개인적인 교류가 많았던 저비용의 순간들이 많은 관객에 의해 가치를 높게 평가 받는 경우가 많아서, 관심이 그곳에 집중됐다. 이러한 측정과 분석의 부가적인 혜택으로, 유료 마법의 순간(새로운 매출 흐름을 만들어냈다)이 더욱 공들인 경험을 바라는 관객들에게 도입되었다.

홍콩 디즈니랜드는 친숙한 패턴이 느껴지기 시작하자,

출연진과 무대에 관한 랜드마크 시스템에 대하여, 그리고 스타 게스트 경험을 어떻게 효율적으로 전달할 수 있을까에 대하여 생각했다. 출연진을 대상으로, 디즈니 파크는 신뢰감을 구축하고 아직까지 드러나지 않은 문제를 찾아내기 위해 공식 서비스 개시 1주일 전에 시험 운영을 했다. 또 홍콩 디즈니랜드는 하나 이상의 사업 부문과 직종이 관련된 마법의 순간을 매끄럽게 구현하기 위해 다양한 직종의 리더로 구성된 팀을 만들었다. 무대 항목에서는, 스타 인정팩의 수를 의도적으로 제한하여 출연진이 지나치게 많은 마법의 순간을 전달하거나 스타 게스트가 독점권을 지키려는 필요에 압도되지 않을 수 있도록 했다.

	출연진	무대	프로세스
효율성	출연진을 대상으로 시험 운영을 실시한다. 마법의 순간을 매끄럽게 구현하기 위해 다양한 직종의 리더로 구성된 팀을 만든다.	스타 인정팩의 수를 제한하여 VIP 관객의 수를 제한한다.	프로그램의 결과를 측정하고 개선에 사용한다. 비용이 적게 들거나 들지 않는 마법의 순간에 초점을 맞춘다. 업그레이드 선택권을 이용하여 추가적인 매출을 생성한다.

이렇게 해서 스타 게스트 프로그램에 대한 통합 매트릭스가 완성되었지만, 모두 합치기 전에 주목할 만한 부수적인 점이 두 가지 있다. 첫째, 이와 같은 사례 연구를 관리할 수 있는 상태로 유지하기 위해서 우리는 매트릭스의 빈칸에 들어가는, 홍콩 디즈니랜드에서 사용된 아이디어 몇 가지를 설명했다. 사실, 스타 게스트 프로그램의 각 빈칸에는 마법 같은 서비스 경험을 전달하기 위해 디자인된 수많은 활동이 들어갈 수 있다. 둘째, 명확성을 위해, 우리는 매트릭스를 1차원적으로 이용하는 것을 설명했다. 현실에서는 어느 곳에서나 시작하고 편리한 대로 진행하면 된다. 중요한 것은 결국 모든 빈칸을 채우기 위해서 철저하게 고민해야 한다는 사실이다. 그 점을 염두에 두고 스타 게스트 프로그램의 완전한 통합 매트릭스가 어떤 모습인지 살펴보기 바란다.

	출연진	무대	프로세스
통합 매트릭스			
안전	시설 전반에서의 교육과 지역 사업 부문의 안전 기법과 정책.	모든 대상물과 물리적 환경이 출연진과 관객에게 안전함을 보장. 파크 내 기존 안전 요소를 활용한다.	모든 마법의 순간을 결정하기 위해서는 먼저 안전을 평가하고 보장한다.
예의	지역의 문화를 위해 행동을 수정한다. 출연진과 경영진을 위하여 현장 코칭을 제공한다.	출연진에게 줄 인정 카드를 관객에게 나눠준다.	관객이 자체적으로 VIP를 선정하는 프로세스를 만든다.
공연	출연진은 마법의 순간을 스스로 만든다.	스타 인정팩을 만든다. 출연진을 위해 인정 게시판을 설치한다. 성적이 우수한 출연자를 위한 스타 게스트 의상 핀을 만든다.	마법의 순간 프로세스. 격주마다 추첨을 통해 출연진에게 상을 수여. 리더가 실행하는 모델링 프로세스.
효율성	출연진을 대상으로 시험 운영을 실시한다. 마법의 순간을 매끄럽게 구현하기 위해 다양한 직종의 리더로 구성된 팀을 만든다.	스타 인정팩의 수를 제한하여 VIP 관객의 수를 제한한다.	프로그램의 결과를 측정하고 개선에 사용한다. 비용이 적게 들거나 들지 않는 마법의 순간에 초점을 맞춘다. 업그레이드 선택권을 이용하여 추가적인 매출을 생성한다.

마법 같은 서비스 순간의 세 가지 요소

디즈니랜드의 디자인을 도왔던 최초의 이매지니어 가운데 하나인 빌 마틴Bill Martin은 월트 디즈니와 일하는 경험에 대해서 다음과 같은 의견을 내놓았다. "월트는 이렇게 말하곤 했습니다. '무엇을 할 수 없는지는 관심이 없네. 무엇을 할 수 있는지 듣고 싶네.' 어떤 문제를 해결하는 방법이 15가지라면, 월트는 15가지를 모두 찾고 있었어요." 이런 이유로 월트가 통합 매트릭스를 좋아했었을 것 같다.

통합 매트릭스의 가장 좋은 특징 중 한 가지는 훌륭한 서비스 순간을 창출할 때 한 가지 이상의 정답이 있을 여지를 남겨둔다는 점이다. 서비스 경험의 특징을 개발하기 위해 통합 매트릭스를 사용하기 시작할 때 품질 기준과 전달 시스템의 각 교차점에는 다수의 답이 들어갈 수 있다. 한 가지 아이디어나 모든 아이디어, 혹은 그 사이에 있는 수만큼 구현하기를 선택할 수 있다.

통합 매트릭스에 들어갈 모든 아이디어를 분석해서 어

떤 아이디어를 구현할 것인지 결정해야 할 때가 되면 훌륭한 서비스의 순간들에는 세 가지 특징이 있다는 것을 명심해야 한다. 그것은 하이터치high-touch, 하이쇼high-show, 하이테크high-tech이다.

하이터치는 게스트와의 교류를 서비스 경험에 포함시켜야 할 필요성을 말한다. 대부분의 경우, 우리 인간은 서로 관계를 맺는 것을 좋아한다. 그러므로 우리가 관객에게 참여할 기회를 주고, 선택할 수 있게 하고, 출연진과 교류하게 하면, 관객들은 그러한 경험과 그 경험을 제공한 조직에게 친밀감을 느끼게 될 것이다. 하이터치는 특히 주는 것에 능숙한 출연진에게 있는 자질이다.

디즈니 파크 및 리조트에서 한 출연자가 관객의 가족사진을 찍어 주는 모습을 보게 된다면, 그러한 서비스가 제공하는 것이 하이터치이다. 월트 디즈니 월드에서 좋은 자리에 앉기 위해 직통 라인으로 전화를 건다면, 하이터치가 프로세스에 적용된 모습을 보고 있는 것이다. 그리고 디즈니 크루즈 안에 걸린 그림 22점 중 한 작품 앞에서 있고, 내가 있는 것을 감지하고 그에 반응하여 움직인다면, 하이터치가 무대에 적용된 것을 보고 있는 것이다.

하이쇼는 생생한 공연을 관객의 경험에 포함시켜야 할 필요성을 말한다. 하이쇼 서비스 해결책을 선택한다면, 관객들은 화려하고 기억에 남을 만한 경험(몇 달 아니 어쩌면 몇 년 동안 남들에게 이야기해줄 만한 경험)을 하게 될 것이다. 하이쇼는 무대와 긴밀하게 연계되어, 조직의 물리적 자산을 위해 디자인에 어떻게 포함시킬 것인지에 대해 생각해야 한다.

디즈니 그랜드 플로리디언 리조트 및 스파는 하이쇼 무대의 좋은 사례이다. 1800년대말의 웅장한 호텔의 형태를 본딴 모습에, 빅토리아 시대로 되돌아간 듯한 느낌이 들게 하는 900여 개의 객실, 그리고 그 안의 모든 디테일이 공연에 도움을 주고 있다. 엡콧의 일루미네이션 프로그램에서 하이쇼를 볼 수 있다. 매일 밤 불꽃놀이와 레이저쇼, 분수, 음악 등이 더해져 디즈니 파크에서의 하루를 화려하게 마무리하게 해준다. 그리고 디즈니 할리우드 스튜디오에 가보면 어떻게 출연진이 하이쇼를 전달해주는지 볼 수 있다. 그곳에서는 길거리공연 예술가들이 의상을 갖춰 입고 할리우드 같은 거리에서나 마주칠 것 같은 캐릭터처럼 공연을 한다. 여배우, 택시 운전사, 그리고 유명인의 사인을 받으려는 사람들까지도 디즈니 파크의 관객들을 즐겁게 해준다.

하이테크는 서비스 해결책에 속도, 정확성, 전문지식 등을 포함시켜야 할 필요성을 말한다. 하이테크 서비스를 잘 만들면 우리는 관객에게 시간을 선물로 주고, 가능한 최첨단에 접근하는 제품과 서비스를 구축하고, 많은 경우 우리의 이익을 극대화한다. 프로세스는 특히 첨단기술을 전달하는 데 적당하다. 따라서 프로세스를 만들고 개선할 때 기술을 이용하여 얼마나 더 효율적이고 즐거움을 줄 수 있는지 생각해야 한다.

디즈니 파크의 자동화된 티케팅 시스템은 하이테크의 특징을 포함하는 프로세스를 지원한다. 무대에서의 하이테크를 보고 싶다면 로큰롤러코스터를 타보라. 로큰롤러코스터는 정지 상태에서 시속 100킬로미터로 가속하는 데 2.8초가 걸리며, 탑승자에게 중력의 다섯 배의 힘을 가한다. 좌석마다 다섯 개의 스피커가 있어서 마치 록밴드가 따라오는 것 같은 소리가 들린다.

마지막으로, 출연진에서 하이테크가 업무에 사용되는 모습을 보고 싶다면, 리디크릭 응급 서비스Reedy Creek Emergency에서 일하는 구급 응급대원과 소방관들의 무대 뒤 모습을 보라. 그들은 월트 디즈니 월드의 출연진과 관객을 보호하기 위해 많은 하이테크 솔루션을 채택하고 있다. 그게 어떤 의미인지 알고 싶다면, 1971년 개장한 이래 구조물로 인한 화재 피해가 20만 달러 이하라는 사실에 대해 생각해보라. 집 한 채가 불에 타도 저 정도의 수치는 쉽게 넘어설 것이다.

지금까지 서비스를 가장 잘 활용하기 위한 방법을 살펴본 것처럼, 하이터치, 하이쇼, 하이테크 등 세 가지 특징을 명심해 두기 바란다.

최후의 도구, 스토리보드

양질의 서비스를 제공하기 위한 더욱 효율적인 기법이 있다. 바로 스토리보드이다. 스토리보드는 서비스 솔루션을 디자인하고 구현하기 위한 계획을 세울 수 있게 해 주는 훌륭한 방법이다. 이 기법은 월트 디즈니사는 물론이고 영화 산업 전반에서도 사용되고 있다. 하지만 스토리보드를 사용하는 많은 사람들이 모르는 것은 스토리보드가 원래 1930년대 디즈니 애니메이션 스튜디오에서 유래했다는 사실이다.

월트의 말에 따르면, 스토리보드는 애니메이터이자 최초의 만화영화 스토리작가 중 한 명이었던 웹 스미스Webb Smith가 발명했다. 웹이 스토리를 구상할 때 그는 행동을 말로 묘사하는 대신 그림을 그리곤 했다. 처음에는, 단순히 그림을 사무실 바닥에 펼쳐 놓았었지만, 곧 순서대로 벽에 핀으로 붙여놓았다. 이런 식으로 스토리를 펼쳐 놓으니 스토리를 시각적인 차원에서 볼 수 있었다. 전해 내려오는 이야기에 따르면 월트는 이러한 혁신이 썩 만족스러운 것만은 아니었다. 월트는 사무실 실내장식을 새로 했던 참이었는데, 스토리보드 때문에 망가진 웹의 사무실 벽이 유난히 눈에 띄었기 때문이었다. 하지만 월트 역시 그림을 벽에 붙여 놓으니 순서를 알아볼 수 있었고, 이를 이용해 전체 영화를 분석하고 통제할 수 있었다. 그래서 월트는 1.2m×2.4m 코르크보드를 주문했고, 그리하여 스토리보드가 탄생하게 되었다.

곧 모든 디즈니 만화가 스토리보드에서 탄생했고, 프로젝트가 진행될 때 스토리보드 자체를 새로운 부서로 전달했다. 스토리작가는 자신이 구상한 내용을 스토리보드에 담아 월트 앞에서 발표했다. 색상과 사운드 모두 스토리보드를 참조하여 영화에 입혀졌다. 월트가 스튜디오에서 일하는 애니메이터를 데려다가 디즈니랜드의 놀이기구 디자인을 하게 했을 때, 그들은 스토리보드를 가져왔다. 그리고 요즘에는 스토리보드가 이매지니어들 사이에서는 누구나 갖추고 있는 기법이 되었다. 다음은 이매지니어들이 말하는 스토리보드의 용도이다.

3차원(3D) 세상을 개발할 때 첫 번째 단계는 2차원 스토리보드를 통해 세상을 보는 것이다… 탈 것이나 공연, 놀이기구 등마다 논리적인 이야기 순서가 만들어진다. 프로젝트의 거의 모든 측면을 분해하여 연속적인 장면 스케치를 만든다. 이를 스토리보드 패널이라고 하며, 우리 관객들의 파크 경험에서 처음, 중간, 끝을 나타낸다.

보드는 결국 우리가 제시할 수 있는 온갖 의견, 아이디어, 대략적인 스케치로 뒤덮인다. 필요한 경우, 놀이기구의 일부가 될 수도 있는 영상물에 필요한 촬영 쇼트들을 마련해 놓으려는 목적에 따라 별개의 스토리보드가 개발된다. 스토리보드가 세밀하게 조정되면, 경영진을 대상으로 아이디어를 설득하거나, 프로젝트의 발전에 기여할 전체 이매지니어링 부서원에게 개념을 설명하기 위한 발표 도구로 사용된다.

스토리보드가 완성되면 우리에게 새로운 탈 것을 경험하거나, 아니면 그 아이디어가 어떻게 작동하는지 볼 수 있는 첫 번째 기회를 제공한다.

이미 당연하다고 생각하겠지만, 스토리보드는 통합 매

트릭스에 의해 생성된 서비스 솔루션 개발을 시각화하고 조직화하는 효과적인 도구이기도 하다. 스토리보드는 관객의 관점에서 본 경험을 보여주고, 제안된 활동이 구현되기 전에 개선하고 문제를 해결할 방법을 제공한다.

다음은 스토리보드를 만들 때 필요한 두 가지 지침이다.

- 우리 가운데 미술가가 아닌 사람은 그림을 이용한다는 사실에 두려움을 느끼지 않아도 된다. 디즈니에는 어마어마하게 많은 미술가들이 있다. 하지만 스토리보드는 아름다운 그림을 그리는 것과는 무관하다. 스토리보드는 관객의 눈을 통해 아이디어를 이해하고 고민하는 능력과 관련이 있다.

- 스토리보드를 그림에 한정하지 말 것. 직물의 조각이나, 컬러 샘플, 사진, 글, 아이디어 등 성취하고자 하는 프로젝트를 더 잘 보여주는 데 도움이 되는 것은 무엇이든 핀으로 고정해 놓는다. 이러한 아이템 중 우리 서비스를 한층 높은 수준으로 올려줄 계기를

찾아 주는 것이 있을지도 모른다.

그리하여 양질의 서비스가 월트 디즈니사에서 합쳐지게 된 것이다. 공통의 목적은 품질 기준을 생성한다. 품질 기준은 출연진, 물리적 자산, 프로세스 등 모든 조직이 공유하는 세 가지 기본적인 시스템을 이용하여 정의되고 전달된다. 마지막으로, 세 가지 모두 통합되고 조정된다. 이것이 마법의 디즈니 브랜드 뒤에 숨겨진 비즈니스이다.

여러분은 양질의 서비스 영역을 완주했다. 우리는 커튼을 걷고 우리 회사를 세계적인 기준으로 만들어준 양질의 서비스가 어떻게 만들어지는지 여러분에게 보여주었다. 그리고 디즈니 인스티튜트의 고객사 중 엄선된 집단이 너그러이 허락해주시고 도와주신 덕분에, 여러분은 비즈니스와 교육, 보건, 정부 등이 어떻게 양질의 서비스 영역의 요소를 고객의 경험 개선에 적용했는지 볼 수 있었다.

이제 여러분이 속한 조직의 업무에 활용할 수 있는 나만의 실용적인 마법을 만들어낼 시간입니다.

양질의 서비스 신호

통합을 통하여 부분의 합보다 큰 서비스 조직을 구축하라. 통합은 출연진, 무대, 프로세스 등 세 가지 전달 시스템에 대한 서비스 기준을 조정하고 분배하는 일이다.

헤드라이너를 이용하여 관객의 기대를 충족시켜라. 그런 다음 기대를 뛰어넘기 위해 경험을 개선하라. 헤드라이너는 자연적으로 짝을 이루고 있는 기준과 전달 시스템의 조합이다. 디즈니 파크 및 리조트에서 헤드라이너는 출연진과 예의, 무대와 공연, 프로세스와 효율성이다. 남은 조합은 관객을 깜짝 놀라게 하거나 기쁘게 하기 위해 예상치 못한 방법으로 서비스 기준을 배포하는 데 사용될 수 있다.

통합 매트릭스를 여러분 조직의 도구로 이용하라. 통합 매트릭스는 서비스 기준과 전달 시스템을 조합하는 확장된 삼목판이다. 통합 매트릭스를 이용하여 양질의 서비스의 디자인과 개발을 분석하고 관리한다.

모든 서비스의 순간을 관리하라. 통합 매트릭스에서 서비스 기준과 전달 시스템의 조합은 진실한 서비스의 순간을 나타낸다. 각 조합은 마법 같은 서비스의 순간을 전달하기 위해 충분히 고민하고 개발되어야 한다.

하이터치, 하이쇼, 하이테크의 조건을 충족하는 서비스 솔루션을 선택하라. 서비스 솔루션을 분석할 때, 교류, 생생한 발표, 효율성에 대한 고객의 요구사항을 충족하는 서비스 솔루션을 찾아라.

스토리보드를 이용하여 솔루션 구현을 계획하고 관리하라. 스토리보드(서비스 솔루션의 시각적 지도)를 서비스 구현의 도구로 사용하라.

유엑스리뷰는 2015년 국내 최초의
사용자 경험(UX) 전문 출판사로 설립된
국내 최고의 디자인 전문 출판사입니다.
모든 분야에서 사람들의 경험을 더욱
가치 있게 만들 수 있는 책을 만들고 있습니다.

memo

memo